Magnetismo
El poder de la atracción

Luis Rutiaga

Magnetismo
El poder de la atracción

Ediciones Viman, S.A. de C.V.

Cosechadores #13, Col. Los Cipreses

09810, D.F.

1a. edición, julio 2006.

© *Magnetismo.*
El poder de la atracción

© 2006, Ediciones Viman, S.A. de C.V.
Cosechadores #13, Col. Los Cipreses
09810, D.F.
Tel. 20 65 33 94
ISBN: 968-9120-13-1
Miembro de la Cámara Nacional
de la Industria Editorial No 3427

Proyecto: Luis H. Rutiaga
Diseño de portada: Emigdio Guevara
Formación tipográfica: Luis H. Rutiaga
Supervisor de producción: Leonardo Figueroa

Impreso en México - *Printed in Mexico*

Prólogo

Cada parte del universo: planetas, estrellas y galaxias; están relacionadas por diferentes manifestaciones de energía. Una de ellas, el magnetismo, crea una red infinita armonizando y enlazando al macrocosmos con nuestro microcosmos.

Toda la Tierra está llena de magnetismo.

Todas las formas de vida y todas las cosas que están cerca también son imanes. Los ríos que fluyen, el aire que sopla, las flores que se abren y los edificios que se erigen, todos ellos están llenos de magnetismo.

Aún los ríos fluyen debido al magnetismo de la tierra. Incluso el viento sopla debido al poder magnético. El magnetismo está presente en todos lados.

Todas las flores y frutas están llenas de magnetismo.

Prácticamente existen dos clases de magnetismo: el magnetismo mineral y el magnetismo animal. El primero se manifiesta en la fuerza de atracción que ejercen entre sí los metales y los minerales y los fenómenos que provocan las corrientes eléctricas. El segundo, se exterioriza en la forma en que algunos animales atraen a su presa y en los fenómenos de hipnotismo provocados a voluntad por el hombre. Parece ser que ambos tienen su origen en la energía contenida en la sustancia primaria que forma los cuerpos, y la manera como se comporta la energía de acuerdo con las leyes que rigen lo que los científicos modernos llaman teoría molecular.

Tanto la Tierra como el cuerpo humano son imanes; por eso la salud y la vitalidad de todos los seres vivos tienen una estrecha relación al hacer contacto directo con la tierra. Quizá en algún momento, si hemos caminado descalzos sobre la hierba; habremos sentido esa sensación de frescura y vitalidad. El magnetismo de la Tierra ha penetrado en nuestro cuerpo, eliminando la pesadez y la fatiga.

Somos una pequeña réplica de este vasto universo y poseemos elementos y características similares. Y así como los innumerables planetas y estrellas están en equilibrio, y se mantienen en sus órbitas gracias al magnetismo, así también nuestro cuerpo, conserva su armonía y equilibrio por medio de la energía magnética.

Estamos envueltos en un campo magnético al que los esoteristas han denominado cuerpo astral; en el cual se muestran, tanto nuestra naturaleza interior como las diferentes etapas de nuestro desarrollo físico y espiritual. También nuestro estado de salud física y mental se manifiesta a través del campo magnético.

El ser humano al intuir y conocer esta relación que hay entre el magnetismo y todo lo que le rodea, desarrolló un poder de atracción, el cual es la preservación de la armonía y el equilibrio de ese campo magnético que forma parte de nosotros.

Luis Rutiaga

Introducción

Es gracias al conocimiento de que el magnetismo ejerce un efecto importante sobre los procesos físicos y biológicos, que se ha llegado a desarrollar un poder de atracción.

La acción directa del magnetismo sobre todos los elementos que constituyen nuestro organismo ha dado por resultado:

La eliminación de todo tipo de depósitos en la sangre, permitiendo así su libre circulación por las venas.

La secreción activa y adecuada de los fluidos vitales.

El rejuvenecimiento de las células y tejidos agotados y la aceleración de su crecimiento.

El fortalecimiento del sistema nervioso.

El mejor funcionamiento del aparato excretor.

Si sabemos que nuestro cuerpo está formado por innumerables células y que éstas son diminutos imanes, cada órgano producirá su propio campo magnético con una potencia limitada a su rango de acción. Estos campos magnéticos de los diferentes órganos no permanecen estáticos sino que fluctúan constantemente, dependiendo de los estados de actividad o reposo, de las influencias externas, y de lo que nuestro cuerpo recibe en forma de alimento.

Para conservar un buen estado de salud física es indispensable mantener el equilibrio entre los campos magnéticos de los diferentes órganos, ya que toda alteración del campo magnético de cada órgano modificará el funcionamiento de todos los demás, lo que equivale a estar enfermo.

Por esta razón, la necesidad de conservar el equilibrio y la armonía de los campos magnéticos en nuestro cuerpo debe ser de vital importancia.

Si bien los imanes afectan la totalidad del cuerpo mediante la energía magnética, la sangre es la más propensa a recibir sus efectos ya que contiene hierro.

Debido a esto, la sangre se ve afectada y activada por la aplicación de los imanes, y el proceso de ionización se estimula, facilitando el libre flujo de la sangre a través del cuerpo. Cada órgano se vitaliza movilizando todos los sistemas del cuerpo: el digestivo, el excretor, el nervioso y el respiratorio; y fortalece el cerebro, el corazón y todos los músculos.

De la misma manera, los imanes hacen su efecto en otros líquidos y sustancias químicas que hay en nuestro cuerpo. Por medio de su acción sobre la sangre y demás líquidos, el efecto de la aplicación de los imanes llega a los campos magnéticos de todo nuestro cuerpo y lo afecta internamente.

Al recuperar y conservar el equilibrio de los diferentes campos magnéticos, todo nuestro organismo se revitaliza y se activa.

El tratamiento con imanes o empleo del poder de atracción se basa en leyes naturales, aunque su forma y metodología es muy distinta, es en esencia un tratamiento naturista.

El magnetismo estimula el funcionamiento de las partes más importantes de nuestros sistemas y los normalizan, y es considerado también como la forma más sencilla de tratamiento externo.

El uso del poder de la atracción es sencillo y barato; no hacen falta grandes preparativos ni demasiados gastos para iniciar o sostener un tratamiento. Uno o dos pares de los imanes apropiados es todo lo que necesitamos y con ello podemos tratarnos, no sólo nosotros sino nuestra familia, todos los días durante muchos años.

Con los mismos imanes podemos magnetizar el agua o cualquier otro líquido que usemos como complemento de la terapia.

Si después de un cierto número de años, los imanes, por su uso continuo, pierden parte de su fuerza, se pueden recargar y renovar así su vida útil.

Cualquiera de nosotros con recursos moderados podemos adquirir un par de imanes para el cuidado de nuestra salud y la de nuestra familia. Los hay de diferentes tamaños, potencias y precios.

El uso de los imanes es también de gran utilidad para los habitantes de las grandes ciudades que son victimas de la tensión, el nerviosismo, la depresión y el agotamiento causados por vivir de prisa y enfrentado cada día los riesgos ambientales.

El empleo de los imanes nos da una apariencia saludable, fresca y agradable. Se ha podido observar que las personas que utilizan los imanes con regularidad tienen una apariencia más juvenil que las de su misma edad.

No hay ningún peligro en el uso de los imanes, ni crean hábito; su efecto no decrece con su aplicación continua, como ocurre con los medicamentos.

No existe ningún efecto secundario, aún en el caso de que los imanes sean muy potentes o que se hayan utilizado por un tiempo más largo que el indicado; la única reacción sería un leve cansancio temporal.

La aplicación de los imanes es un método preventivo natural, por ello es recomendable que sigamos una alimentación lo más natural posible durante todo el tratamiento.

El uso de los imanes restablece la salud a los que están enfermos, ayuda a equilibrar a los que están en recuperación y previene a los que están sanos.

El magnetismo
en la historia

El origen de la noción del magnetismo es muy antigua; se remonta a más de 3,500 años, en plena Edad del Hierro, en el antiguo Egipto, China y la India; cuando el pensamiento era más mágico que lógico, fue entonces que se descubrió una piedra especial, la magnetita o imán natural, la cual atraía las limaduras de hierro e incluso se adhería a los objetos de este metal.

Se dice que los chinos y los egipcios, ya desde la más remota antigüedad, empleaban las propiedades de los imanes en el tratamiento de toda clase de enfermedades y que, en épocas posteriores, las comunidades sacerdotales de los egipcios guardaron para sí los secretos de esta terapia.

En la antigua Grecia también se conocía el magnetismo, pues el nombre de la piedra imán natural, "magnetita", parece derivar de la comarca de Magnesia, en la región griega de Tesalia, lindante con Macedonia, donde se cree que se observaron sus propiedades de imán natural desde tiempos muy remotos. El naturalista romano Plinio el Viejo (23-79 d.C.), nos ha transmitido la interpretación de Nicandro de Colofón (siglo II a. C.), según la cual el nombre "magnetita" procedería de un cierto pastor llamado Magnes que, llevando su rebaño a pastar, observó la atracción que el suelo, rico en este mineral, ejercía sobre las partes de hierro de sus botas y su cayado.

Sin embargo, ya siete siglos antes de Nicandro de Colofón, a partir del siglo IV a.C., nos llegan los testimonios de Platón, Aristóteles y otros. Aristóteles escribe que el filósofo, matemático y científico Tales de Mileto (siglos VII-VI a.C.), uno de los "siete sabios de Grecia", había estudiado las propiedades físicas de los imanes, llegando a la conclusión de que "un imán tiene alma porque mueve el hierro".

En la Roma clásica habla de los imanes el poeta latino Tito Lucrecio Caro (98-55 a.C.), afirmando que esta piedra podía soportar una cadena de pequeños anillos, cada uno de ellos adherido al que estaba por encima de él, lo que indica que en su tiempo ya se conocía el fenómeno de la magnetización por inducción.

Mucho antes de esto, los antiguos chinos ya habían observado que el imán natural transmitía esta propiedad a los objetos de hierro que se ponían en contacto con él, es decir, que un pedazo de hierro, mientras seguía en contacto con la piedra, también atraía, como ésta, las limaduras de hierro. Y lo que era más sorprendente: después de haber estado un buen rato en contacto con la piedra, el pedazo de hierro, ahora solo y retirada la piedra, seguía atrayendo las limaduras por sí mismo, es decir, que el magnetismo de la piedra provocaba el del hierro, hasta entonces inerte, fenómeno que más tarde se llamaría inducción magnética. Esta propiedad del hierro no era muy intensa ni duradera, pero podía intensificarse frotándolo repetidamente, y siempre en el mismo sentido, con el imán natural, con lo que se conseguía imantar el hierro.

Estos fueron los primeros imanes artificiales permanentes. Algunos de ellos se fabricaron en forma de aguja con dos puntas opuestas y suspendidos por su centro de un hilo fino, o bien con su centro levemente apoyado sobre un soporte estrecho el cual les permitía girar libremente sobre sus ejes sin casi rozamientos.

Una vez construido esto, no sólo descubrieron que, en efecto, la aguja giraba hasta que una de sus puntas "señalaba" al objeto de hierro que se le acercara, sino también que el giro era mucho más rápido cuanto mayor fuera la masa de hierro o menor su distancia. Pero la cosa más sorprendente de todas fue comprobar que, cuando se apartaban de la aguja los trozos de hierro, la aguja también se movía "espontáneamente" hasta adoptar una posición que siempre era la misma, y que, aunque se cambiara manualmente la orientación de la aguja, ésta volvía a colocarse por sí sola en la misma dirección. Esta dirección era la norte-sur, la misma que señalaban las sombras al mediodía.

Fueron, pues, los chinos quienes inventaron, en el siglo VII d. C., la brújula, que les sirvió de inestimable ayuda para la navegación en alta mar, cuando faltaba la referencia visual de la costa, sobre todo en las noches nubladas, cuando no era posible orientarse por medio de las estrellas.

En aquellas condiciones era maravilloso contar con un instrumento que señalara hacia la estrella polar, precisamente la que les servía de referencia para la navegación, en la constelación de la Osa Menor, aunque esta estrella no estuviera a la vista.

Entonces no podía hablarse del polo norte terrestre, porque la misma idea de un polo de rotación de la Tierra era impensable, ya que se consideraba que la Tierra era plana, estaba inmóvil y lo que giraba era el cielo. Pero los astrónomos habían comprobado ya que todas las estrellas del cielo menos una describían círculos en torno a un punto fijo en el cielo: el polo celeste.

La estrella que no se movía era precisamente la estrella polar, aquélla en la que más se fijaban los navegantes porque era la única fija, es decir, que su posición en el cielo no dependía, como las otras, de cuál fuera la hora, sino que siempre estaba en el mismo sitio: en el centro de rotación de la "esfera del cielo" con la que giraban todas las demás.

La edad media

Cuando, varios siglos después, al iniciar la edad media, esta piedra "amante del hierro" fue conocida por los alquimistas europeos, la llamaron piedra imán (del francés *pierre aimant* "piedra amante"), atribuyendo aquella singular propiedad a una misteriosa afinidad, o "amor" (por analogía con el atractivo que ejerce éste), entre el imán y el hierro, que les hacía atraerse mutuamente.

En aquella época, al igual que en la antigüedad, se le atribuían al imán muchas propiedades extrañas y curiosas: se suponía que proporcionaba vigor, alivio, gracia, salud y prosperidad; reconciliaba a los esposos con sus esposas y que incluso podía descubrirse la infidelidad de éstas colocando un imán bajo su almohada; también era valioso en las disputas y, en general, propiciaba una vida pacífica y detenía los habituales procesos de envejecimiento corporal, aumentaba las secreciones vitalizadoras de ciertas glándulas e inmunizaba contra muchas enfermedades físicas, curando la gota, la hidropesía, la hernia, las hemorragias, el dolor de cabeza y muchas otras afecciones y enfermedades.

También se suponía que las heridas producidas por un arma magnetizada no producían dolor. De hecho, la creencia en las propiedades sobrenaturales del imán siguieron vigentes hasta finales del siglo XIX.

El renacimiento

Hasta después de los estudios y observaciones de Galileo Galilei, y su confirmación experimental con el viaje de Fernando de Magallanes alrededor del mundo, terminado por Juan Sebastián Elcano en 1522, no se admitió, entre la mayoría de la gente, que la Tierra fuera redonda, que girara en el espacio y que, por lo tanto, tuviera un eje de rotación cuyos extremos son los polos terrestres que, precisamente por eso, cuando se prolongaban hasta la bóveda celeste, coincidían con el eje del aparente giro de ésta alrededor de los polos celestes.

Esta nueva concepción de la Tierra y los progresos científicos que se produjeron en los cuatro siglos siguientes, sobre todo en el campo de la física, indujeron a los científicos a considerarla como un gigantesco imán, con sus respectivos polos Norte y Sur, no sólo geográficos (de rotación), sino también magnéticos, aunque éstos no coincidan exactamente con aquéllos.

Mientras tanto, los estudios sobre las propiedades de los imanes continuaban y, en el siglo XVI, Paracelso, padre de la medicina moderna, los consideró especialmente útiles para la curación de los enfermos en lo casos de inflamaciones de todas clases: flujos, ulceraciones, enfermedades de los intestinos y el útero, epilepsia y otras enfermedades, tanto internas como externas. Incluso añadió que tenían muchas más cualidades que aún hoy todavía desconocemos.

En el año 1600, el físico y médico inglés Willian Gilbert (1544-1603), en su obra *De magnete, magnetisque corpo-ribus et de magna tellure* ya estableció teorías sobre la electricidad y el magnetismo terrestre, realizando un estudio sistemático y completo sobre las propiedades de los imanes.

El siglo de las luces

Pero once siglos después del descubrimiento hecho por los chinos, cuando el racionalismo y el positivismo de la Ilustración se propusieron terminar con las supersticiones antiguas, considerándolas irracionales; la magnetoterapia se vio desacreditada en nombre de la razón, junto con la alquimia, la astrología y otras prácticas basadas en una interpretación mítica del mundo, aunque también en un conocimiento práctico varias veces milenario. Es verdad que así se proscribieron muchas prácticas irracionales y en ocasiones perjudiciales, pero también es cierto que, como dicen los ingleses, a veces "echaron al niño junto con el agua sucia".

No obstante, tampoco entonces faltaron estudiosos que consideraron que el magnetismo era algo más que una curiosidad de la física recreativa y, aunque algunas de sus conclusiones no hayan sido aprobadas por la ciencia oficial o incluso tal vez pudieran cometer algunos errores en sus investigaciones, es indudable que contribuyeron al avance del conocimiento en general y del magnetismo en particular. Uno de ellos fue el médico alemán Franz Anton Mesmer (1734-1815), quien afirmó que las propiedades del imán natural eran un remedio para todas las enfermedades y creía que todos los seres animados estaban dotados de una fuerza semejante, que él llamó "magnetismo animal", que emanaba de los cuerpos y los organismos, y que era capaz de producir curaciones en los órganos a los que se aplicará.

A esta teoría terapéutica se le llamó "mesmerismo" en su honor. Mesmer utilizó ampliamente la energía magnética para el tratamiento de las enfermedades, publicó su primera obra en 1766 y llegó a inventar un aparato, la "cubeta magnética", para este propósito. En 1778 trasladó su consulta desde Viena a París, disfrutando de una gran popularidad hasta la Revolución, pero en 1784 el gobierno francés, tras nombrar una comisión médica oficial para poner a prueba sus métodos, prohibió su práctica.

Otro investigador, el abate Bartholon, publicó por aquellas mismas fechas (en 1780) los efectos de los campos magnéticos de un imán sobre los fluidos que producían la existencia de la vida y el crecimiento de las plantas y los animales.

La época actual

Pero los estudiosos de la generación siguiente, con una mejor preparación, ya no fueron olvidados ni desacreditados como los dos anteriores. Uno de ellos, el danés Hans Christian Oersted (1777-1851), descubrió algo que iba a modificar por completo la concepción del mundo físico y cuyas aplicaciones prácticas iban a ser numerosísimas: el electromagnetismo. Su gran descubrimiento lo comunicó a Europa en un breve escrito titulado *Experimenta circa effectum conflictus electrici in acum magneticum* (1820), en cuyo mismo título ya explicaba en qué consistía: "experimento sobre el efecto de la electricidad sobre la aguja magnética", es decir, que el paso de una corriente eléctrica por un hilo produce la desviación de una aguja imantada que se encuentra cerca.

Más tarde, el físico escocés James Clerk Maxwell (1831-1879) demostró que la electricidad y el magnetismo mantienen una relación recíproca: la electricidad produce un campo magnético y el magnetismo produce electricidad.

De esta forma, las aplicaciones actuales del magnetismo y el electromagnetismo han cambiado muchos aspectos de nuestra vida.

Podemos citar entre los más conocidos, los enormes electroimanes que se utilizan en la industria metalúrgica, la bobina de inducción de los automóviles, los transformadores, alternadores, magnetos, dínamos, motores y relees eléctricos; el telégrafo eléctrico, el teléfono, los micrófonos y altavoces; la radio, la televisión, las cintas magnetofónicas y de video; los anillos de ferrita imantada de la "memoria" de las computadoras y los "disquetes" para éstas; el espectrógrafo de masas, los sistemas de exploración por ecografía, resonancia magnética y tomografía axial computarizada; las cocinas de vitrocerámica, las actuales fotocopiadoras, el fax e incluso las bandas magnéticas identificadoras que se utilizan en las cerraduras electrónicas; en las tarjetas de crédito e incluso los boletos del "metro".

Por lo que respecta al uso de este poder de atracción, hay que esperar al inicio de este siglo para ver cómo se intensifican los estudios científicos sobre las propiedades particulares y exclusivas de los imanes en el campo de la medicina.

Entre los hombres de ciencia que dedicaron su actividad a estos estudios se encuentran nombres tan prestigiosos como el médico y naturalista Karl von Reichenbach (1788-1869), que escribió sobre los efectos del magnetismo que él había registrado como resultado de sus investigaciones experimentales en 1852, y el biólogo Louis Pasteur, que descubrió entre otras cosas, en 1862, que los campos magnéticos estimulaban la fermentación de las frutas.

Desde entonces y hasta nuestros días se han ido acumulando toda una serie de observaciones y experiencias de carácter científico. Las terapias por medio de imanes se practican actualmente en casi todos los países del mundo y sus métodos son ampliamente reconocidos.

El magnetismo

En nuestros días es algo ya bien sabido que el magnetismo ejerce un efecto importante en los procesos físicos y biológicos, pero en lo que toca a los principios científicos básicos que rigen este fenómeno, y a la naturaleza y alcances de este efecto en diversas situaciones, los interesados en este poder de atracción de todo el mundo están llevando a cabo exhaustivas investigaciones; sus esfuerzos han dado importantes resultados y se ha llegado a conclusiones reveladoras.

El estudio de este poder cimentado en estos principios se ha venido enriqueciendo y fortaleciendo continuamente gracias al avance de la investigación en este campo.

Magnetismo y agua

Fue un mero accidente lo que dio inicio a la investigación científica sobre los efectos del magnetismo en el agua y posteriormente en la sangre. Hace una década, un equipo de técnicos y científicos rusos trataba de encontrar algo más sencillo que el método de abrasión, usado para eliminar los depósitos de sales que se forman en las paredes interiores

de las tuberías, el cual reducía el área de la sección transversal de las tuberías, disminuyendo el flujo de los líquidos
que transportaban. En el curso de los experimentos descubrieron, para su sorpresa, que haciendo circular agua
magnetizada por las tuberías, las incrustaciones se despren-
dían disolviéndose en el agua. Este descubrimiento sacó a
la luz el hecho de que el magnetismo de alguna manera
transformaba el agua en un líquido extraordinario.

Las investigaciones posteriores demostraron que debido a la exposición del agua al campo magnético, sus distintas
propiedades, a saber, temperatura, densidad, tensión su-
perficial, viscosidad y conductividad eléctrica, se afectaban
y cambiaban hasta cierto punto.

Se descubrió que el magnetismo aumentaba la veloci-
dad de sedimentación de las partículas diminutas
suspendidas en el agua, e incrementaba su conductividad
y también aceleraba el proceso de ionización del agua.

Magnetismo y sangre

Este estudio sobre el efecto del magnetismo en el agua naturalmente atrajo la atención de los biomagnetistas, que se
centró en la sangre, el líquido más importante del cuerpo
humano, para llevar a cabo un estudio similar. Los resultados fueron sorprendentes.

Descubrieron que el contacto magnético activaba de inmediato el contenido de hierro en la sangre, comprobando
que se había generado una débil corriente eléctrica. Se lo-
gró un incremento, proporcional a la fuerza del campo
magnético, en el número de centros de cristalización. Además, el proceso de ionización (disociación de átomos o
moléculas en partículas con carga eléctrica) se aceleró, lo

que evitaba el peligro de la formación de coágulos en la sangre y estimulaba una circulación más libre a través de arterias y venas.

El flujo magnético inducido en la sangre aumentaba la producción de glóbulos rojos, a la vez que fortalecía a los que se encontraban inactivos y deteriorados. La circulación de la hemoglobina en los vasos sanguíneos se aceleró, los depósitos de calcio y colesterol en la sangre se redujeron al mínimo, todo lo cual se tradujo en una mayor calidad de sangre en el cuerpo del paciente.

Efectos adicionales

Las investigaciones posteriores revelaron los siguientes efectos del campo magnético en los sistemas biológicos:

Estimuló la secreción de hormonas y otros fluidos.

Ejerció un efecto positivo en el funcionamiento de las glándulas y en todo el sistema excretor.

Normalizó y fortaleció la función de los nervios autónomos, mejorando el funcionamiento de todos los órganos internos.

Produjo nuevas células y rejuveneció los tejidos.

Ejerció un efecto estabilizador en el código genético.

Principios básicos

Una vez observados estos efectos y con el antecedente de los descubrimientos realizados por los científicos, era natural que surgiera la pregunta: ¿Cuáles son los principios científicos subyacentes en la acción y las reacciones que se desencadenan en un sistema físico a consecuencia de haber sido expuesto a un campo magnético?

Los científicos trabajan incesantemente en la solución de este problema pero aún esperamos la respuesta final. Actualmente hay determinados principios que han dejado de pertenecer al plano de lo hipotético y que seguramente serán de interés para la persona que desee profundizar en ellos.

Todo sistema biológico está compuesto de diferentes moléculas químicas, que a su vez son combinaciones de átomos que poseen electrones y un núcleo, es decir, partículas con carga. Cuando el sistema es expuesto a un campo magnético, estas partículas con carga presentes en las moléculas se desplazan, o su ubicación relativa es alterada o modificada produciendo una tensión, es decir, una actividad en los iones.

Además, este desplazamiento de las partículas con carga o su cambio de ubicación relativa causa la creación de un calor adicional en la totalidad del sistema.

Las diferentes sustancias químicas que hay en todas las partes del cuerpo están generando constantemente una electricidad muy débil y su campo magnético asociado para ser utilizada en todas las funciones voluntarias e involuntarias del sistema. Todas las señales nerviosas que el cerebro envía o recibe son transmitidas a través de estos impulsos eléctricos con el auxilio de los campos magnéticos circundantes.

De acuerdo con estos principios, el campo magnético creado mediante la aplicación externa de imanes estimula la generación de impulsos eléctricos, los revivifica y los conserva en caso de cualquier debilitamiento o irregularidad causados por algún estímulo interno o externo.

Aunque en el anterior análisis hemos establecido que la acción magnética presenta tres aspectos, este planteamiento no deja de ser únicamente un análisis académico que sólo sirve para explicar la línea fundamental de acción. En realidad, la acción magnética es sintética en su naturaleza y los tres canales de acción anteriormente mencionados están íntimamente entreverados, de tal suerte que cada uno es causa del otro y cada uno contribuye en la acción del otro. De hecho, el primero de estos aspectos, el desplazamiento o cambio de ubicación relativa de las partículas con carga en las moléculas, es el principio fundamental y los otros dos sólo son efectos resultantes o consecuencias del primero.

La acción directa del magnetismo sobre las partículas cargadas de la sangre y de todas las demás sustancias químicas del cuerpo, calienta y activa todos los elementos constituyentes del organismo, es decir, iones, células, tejidos, nervios, glándulas, etc. Esto da por resultado:

La eliminación de todo tipo de depósitos en la sangre, permitiendo así su libre circulación por las venas.

La secreción activa y adecuada de los fluidos vitales.

El rejuvenecimiento de las células y tejidos agotados la aceleración de su crecimiento.

El fortalecimiento del sistema nervioso.

La eliminación del aletargamiento en el aparato excretor.

Estas consecuencias son precisamente las condiciones que se han de cumplir en la preservación de la salud y en la erradicación de cualquier padecimiento del cuerpo.

Efectos del magnetismo

El uso del poder de la atracción pretende curar los padecimientos corporales mediante la aplicación de imanes sobre el cuerpo o sobre la zona afectada, tratamiento que se complementa con dosis de agua magnetizada.

Todo imán tiene necesariamente dos polos: norte y sur. Al aplicar los imanes al cuerpo, sus polos causan los mismos efectos en el sistema físico o cada uno de ellos ejerce diferentes efectos. Se ha descubierto que los efectos de cada uno de los polos son de distinta naturaleza.

Dos polos, dos efectos

El doctor Hahnemann, padre de la homeopatía, fue quien descubrió y documentó la diferencia entre los efectos de cada uno de los polos. Hahnemann preparaba medicamentos distintos con cada uno de los polos y los utilizaba para tratar diferentes síntomas. Por otra parte, los científicos descubrirían que la magnetización del agua con el polo norte eliminaba las bacterias que contenía, lo que permitía que el agua se conservara por más tiempo, y que, por el contrario, el efecto del polo sur estimulaba el desarrollo de las bacterias y en consecuencia el proceso de putrefacción se aceleraba.

Esto concuerda con los efectos de las corrientes positiva y negativa de la electroterapia. Al ser aplicada al cuerpo, la corriente positiva calma la excitación, mientras que la corriente negativa la aumenta.

Estas dos terapias hermanas, magnetoterapia y electroterapia, se basan en esta dualidad de efectos, a partir de la cual han desarrollado sus métodos de aplicación.

Efecto de cada polo

Al principio los magnetoterapeutas no se explicaban por qué un polo en particular no era efectivo en determinada enfermedad mientras el opuesto sí servía en el mismo caso.

Actualmente, habiéndose establecido la diferencia de efecto entre ambos polos, han llegado a la conclusión de que el polo norte es muy efectivo en enfermedades causadas por infecciones bacterianas como artritis, furúnculos, quemaduras, eczema, infecciones dentales y del oído, bocio, tumores, úlceras, heridas e incluso cáncer.

El polo sur sirve para todo tipo de dolores, como neuralgias; cuando hay rigidez o inflamación, en casos de debilidad en la digestión, en las extremidades o en los músculos; cuando hay formación de gases; para padecimientos del corazón, etc.

Dos teorías de aplicación

En lo que hace a la aplicación de los polos magnéticos sobre el cuerpo, existen dos teorías; una es la unipolar, que recomienda el uso de un solo polo en cada ocasión; la otra es la teoría bipolar, que sostiene que la aplicación de ambos polos al mismo tiempo en una misma enfermedad constituye un tratamiento más efectivo.

Mucho se ha discutido acerca de las dos teorías, pero en la actualidad, la bipolar está ampliamente aceptada y es la que siguen la mayoría de los magnetoterapeutas de todo el mundo.

El principio de la teoría bipolar es corroborado por el hecho de que la aplicación simultánea de los dos polos cierra el circuito de la corriente magnética o campo magnético en el cuerpo, lo que se puede lograr mediante la aplicación unipolar.

La aplicación de un solo polo puede agravar ciertas tendencias, en tanto que la aplicación bipolar nos permite conservar el equilibrio del campo magnético.

Hasta en la electroterapia se aplican las dos corrientes, positiva y negativa. Incluso algunos partidarios de la teoría unipolar han adoptado la costumbre de aplicar el segundo polo inmediatamente después que el primero y con la misma duración.

Sin embargo la decisión quedará siempre a criterio del magnetoterapeuta, dependiendo de la gravedad de la enfermedad y de su propia experiencia.

Magnetoterapia

La magnetoterapia, como su nombre lo indica, es la terapia que utiliza las propiedades curativas de los imanes en el tratamiento del dolor y la enfermedad.

El enorme imán terrestre ejerce una gran influencia sobre la vida del planeta, ya que su campo magnético, aunque de muy pequeña intensidad, posee unas líneas de fuerza que lo traspasan todo, incluso los órganos internos de nuestro cuerpo. Por ello, cuando se aplica un imán en una zona del cuerpo afectada por alguna dolencia, si ésta se debe a alguna alteración de su estado magnético, el campo del imán reordenará magnéticamente la zona afectada, aliviando el sufrimiento que producía el desorden magnético anterior. Este es el principio básico de la magnetoterapia.

En un principio se utilizaba la piedra imán, o imán natural (magnetita, óxido ferroso-férrico, Fe_3O_4), mineral cristalizado en masas compactas de un bello color negro ébano con brillo metálico, pero ahora se usan imanes permanentes de hierro, que son de menor tamaño y, por lo tanto, más manejables, tienen más potencia y su acción es más rápida.

La aplicación terapéutica del imán es de gran ayuda, tanto en dolencias y enfermedades crónicas como en las recientemente contraídas, y mejora sustancialmente la circulación de la sangre. También reporta grandes beneficios como preventivo. En cuanto a su manejo, se llega a conocerlo en poco tiempo y es fácil saber utilizarlo en cada situación que se presente, ya que su empleo no entraña dificultades ni riesgos. Como sus indicaciones son múltiples, es aconsejable tener uno siempre a la mano.

El magnetismo no es, sin embargo, exclusivo del enorme imán terrestre o los electroimanes. Hay algunas personas cuyas manos poseen cualidades magnéticas que pueden utilizar para la sanación, la magnetización de agua, etc.

La magnetoterapia se funda en que la vida en la Tierra se ha creado y desarrollado dentro del campo magnético terrestre, razón por la cual los procesos vitales están tan fuertemente vinculados a dicho campo que, si no fuera por él, la vida en el planeta sería imposible.

El tratamiento magnético generalmente es de dos tipos: local y general.

Tratamiento local

En esta forma de tratamiento el polo seleccionado se aplica sobre la piel, desnuda o cubierta, de la parte afectada del cuerpo, sin ejercer ninguna presión sobre el área de contacto. Si el diagnóstico indica que la enfermedad es causada por bacterias. Debemos aplicar el polo norte; si no hay indicios de infección bacteriana, usaremos el polo sur.

Si hay mucha sensibilidad en la zona afectada debido a la presencia de dolor, inflamación o laceración, como en el caso de furúnculos o heridas, el imán se colocará en un sitio tan próximo al afectado como el paciente tolere.

Si se considera necesario utilizar los dos polos, ambos se colocarán en la misma región del cuerpo, dejando entre ellos una distancia conveniente, o bien se aplicará el imán indicado sobre la parte afectada mientras el otro se pone en contacto con la palma de la mano o con la planta del pie del mismo lado de la zona afectada.

Tratamiento general

Este tratamiento es necesario cuando la enfermedad no está localizada y es de naturaleza tal que afecta todo el cuerpo o una gran parte de él.

En este caso, ambos polos se colocarán en las palmas de las manos o en las plantas de los pies. Pero, ¿por qué en las palmas o en las plantas?

Ya se sabe que las palmas de las manos y las plantas de los pies están vinculadas con la mente, con el corazón y con casi todas las regiones del cuerpo por medio del sistema nervioso y el aparato circulatorio.

De hecho, las palmas de las manos y las plantas de los pies están constituidas por terminaciones de las redes de nervios y venas distribuidas por todo el organismo, y es a través de ellas que el magnetismo se propaga instantáneamente hasta el último rincón del cuerpo. Esto hace que las palmas de las manos y las plantas de los pies sean las partes más aptas para la aplicación de imanes.

Y ahora nos preguntamos: ¿Cuándo se debe hacer la aplicación en las palmas y cuándo en las plantas? ¿Cuál polo en cuál palma o en cuál planta?

Si la enfermedad se localiza en la mitad superior del cuerpo, los imanes se colocarán en las palmas de las manos;

pero si es en la mitad inferior donde la enfermedad se halla, habrá que aplicar el magnetismo a las plantas de los pies.

Cuando todo el cuerpo o una gran parte sea víctima de la enfermedad, los imanes se colocarán un día en las palmas de las manos y al día siguiente en las plantas de los pies con igual duración. Si los imanes se han de aplicar dos veces al día, se deben poner en las palmas por la mañana y en las plantas por la noche.

En ciertos casos graves los imanes se pueden aplicar primero en las manos y luego en los pies sucesivamente.

Magnetismo de cada lado del cuerpo

El cuerpo humano es en sí un imán con sus propios polos. Por ello los imanes se deben aplicar tanto en el lado derecho como en el lado izquierdo del cuerpo y en ambas manos o ambos pies.

El polo norte se debe aplicar sobre la mano, el pie o el lado derecho; el polo sur sobre la mano, el pie o el lado izquierdo. Si hay que aplicar los imanes a la parte superior o inferior del cuerpo, el polo norte se aplicará a la mitad superior y el polo sur a la mitad inferior. Asimismo, cuando se tenga que aplicar el tratamiento magnético a las regiones anterior o posterior, el polo norte se aplicará al frente y el polo sur detrás del cuerpo.

Sin embargo, es conveniente aclarar que estas reglas de aplicación son de carácter general y de ninguna manera deben considerarse preceptos inamovibles. Todo depende del criterio del magnetoterapeuta.

Agua magnetizada

El agua es el fluido por excelencia; es el solvente universal, y como tal posee cualidades potenciales, con una conducción casi perfecta de la electricidad y el magnetismo.

El cuerpo humano está compuesto por casi un 70% de agua, de los cuales la sangre incorpora un 80%.

Con respecto al magnetismo, las características magnéticas del agua la transforman en un fluido maravilloso, que puede absorber todas las potencialidades terapéuticas del magnetismo, y encauzarlas hacia la curación.

Cabe destacar que las características físicas y químicas del agua se modifican ante la inducción magnética.

El agua magnetizada se aplica en infinidad de dolencias, entre las cuales pueden mencionarse:

La dilución de depósitos de calcio y colesterol alojados en las arterias, restaurando a la vez la elasticidad de sus tejidos.

La disolución de cálculos vesiculares y renales, permitiendo su eliminación por las vías excretoras naturales.

El alivio de dolencias reumáticas y similares, tales como gota, isquilgia, etc.

Problemas urinarios y digestivos, y toda la gama de afecciones ginecológicas.

Aplicaciones externas, tales como conjuntivitis, otitis, heridas, llagas, etc.

Como veremos más adelante, no sólo el agua puede magnetizarse, sino que otros fluidos, como la leche, el vino, los jugos frutales y aceites de masajes pueden ser procesados en la misma forma.

El agua en la magnetoterapia

En algunos países, como Francia, Alemania, México y la India, se han descubierto manantiales espontáneos que parecen tener cualidades terapéuticas múltiples, y algunos estudios han sugerido que sus propiedades podrían deberse a una magnetización por fuentes naturales, obtenida gracias a ciertas particularidades geográficas y geológicas de la zona en que brotan, y los terrenos a través de los cuales fluyen.

Experiencias médicas realizadas con la aplicación de magnetoterapia a enfermos, han permitido comprobar el aumento de la presión parcial de oxígeno en la sangre, lo que se explica por el aumento del poder disolvente del agua al que antes se ha aludido, y que en este caso es el del agua que constituye la mayor parte del plasma sanguíneo. Esta mayor capacidad de transporte de oxígeno, que además se realiza por una vía distinta de la hemoglobina, explica las propiedades tróficas y reparadoras de la magnetoterapia, propiedades de las que también participa el agua magnetizada, verdadera armonizadora del sistema neurovegetativo, ya que, desde el inicio de su consumo, neutraliza las situaciones de estrés (tensión muscular, hipertensión arterial, palpitaciones, cefaleas, insomnio, irritabilidad, etcétera) tan abundantes en la vida actual.

Además, ingerida de modo constante, posee efectos de tipo vagotónico: estímulo del peristaltismo intestinal, regulación de la tensión arterial, facilidad de la relajación muscular, efecto espasmolítico, etcétera.

Finalmente, el agua magnetizada tiene un efecto trófico de fondo por su mejor capacidad al transportar nutrientes celulares y su contribución a la eliminación de desechos y tóxicos orgánicos o de origen externo, contribuyendo a la mejor nutrición del organismo a escala celular y, por tanto, a una tonificación de fondo generalizada que proporciona mejor rendimiento, tanto físico como mental, y una mayor facilidad para la relajación y el bienestar.

Cuando se imanta, el agua se carga de energía magnética, adquiere mayor capacidad de disolución, es diurética, digestiva, fina y agradable de beber, potencia las defensas naturales del organismo, contribuye a mejorar su nutrición y mejora la efectividad de los medicamentos, por lo que se puede decir que, al consumir este excelente aliado de la salud, todo el organismo se beneficia de estas propiedades.

Como acabamos de ver, la magnetización del agua, o los otros líquidos que se ingieran, nos aporta una serie de propiedades nuevas que proporcionan más salud y vitalidad.

En resumen, el uso del agua magnetizada es un buen método de conservar la salud, prevenir la aparición de enfermedades y tratar algunas afecciones ya establecidas, tanto cuando se utiliza sola como cuando acompaña terapias médicas prescritas, frente a las que no presenta incompatibilidad alguna.

De todos modos hay que advertir que el agua magnetizada no constituye, como la mayoría de los fármacos, una
terapia de choque o inmediata, sino que su acción es lenta
y constante. Por eso, aunque algunas personas ya aprecien
un efecto inmediato al comenzar a ingerirla, lo normal es
que la mejoría de las afecciones y la potenciación del tono
vital empiece a apreciarse a partir de las dos o tres semanas
del comienzo de su ingestión.

El agua magnetizada no tiene contraindicaciones; sólo
un pequeño número de personas son insensibles a sus efectos, cosa que, por otra parte, también ocurre con los iones
negativos.

Pero la gran mayoría de los que la utilicen notará el efecto de este medio, completamente natural, que aporta a
nuestro organismo una de las fuerzas más extendidas en
la naturaleza: el magnetismo.

El agua magnetizada es un gran coadyuvante para re-
forzar la acción de los imanes terapéuticos. Estos actúan
localmente, mientras que el agua magnetizada tiene una
acción general.

La magnetización del agua

Para conseguir que las propiedades de los imanes actúen
sobre todo nuestro organismo, el procedimiento es sencillo: sólo hay que pasar el agua corriente (o cualquier otro
líquido que vaya a ingerirse, como leche, caldos, zumos de
frutas, refrescos, etcétera) por un dispositivo, el inductor
magnético, en el que unos imanes permanentes, que rodean
el tubo central por donde pasa el líquido, lo magnetizan
antes de su consumo.

Esta simple operación se conoce como "tratamiento magnético del agua" y está basada en la inducción electromagnética demostrada en 1831 por el famoso físico y químico Michael Faraday (1791-1867). Cuando la corriente de agua (o cualquier otro líquido) atraviesa el campo magnético, se produce un efecto electromagnético similar al que ocurre en la naturaleza con las aguas mineromedicinales. De este modo, el agua adquiere una serie de nuevas propiedades físicas que son muy beneficiosas para la salud.

Para que el agua y demás líquidos adquieran todas las propiedades que les proporciona la magnetización, basta con pasarlos una sola vez por el conducto central del inductor magnético. Una vez adquiridas sus propiedades magnéticas, el líquido ya puede ser ingerido. Si se conserva en recipientes de cristal o de plástico, la imantación permanece hasta un máximo de cinco días, pero en general se recomienda consumirlo inmediatamente o poco después, porque, como ya se ha explicado, el líquido imantado va cediendo su magnetismo poco a poco y, por lo tanto, sus cualidades van disminuyendo a medida que transcurre el tiempo entre su magnetización y su ingestión.

Métodos de preparación

El agua, así como otros muchos fluidos, ya sea bebibles, como aplicables externamente, pueden magnetizarse fácilmente, mediante tres métodos principales:

Sostener un imán sobre un vaso vacío, y mojarlo con el líquido, de forma que caiga sobre el imán antes de caer en el vaso. Este método es el más similar a la manera en que el agua se magnetiza en la naturaleza, en la cual el agua fluye sobre rocas magnéticas.

Este método es muy utilizado en Rusia para magnetizar grandes volúmenes de agua, utilizando para ello enormes electromagnetos.

No obstante, existen dos desventajas con este método: Tratándose de imanes metálicos, podrían oxidarse al estar permanentemente en contacto con el agua.

El agua hace contacto con el imán durante un período muy corto de tiempo, por lo que sólo puede obtenerse un agua con magnetismo débil, aunque se utilicen imanes de alta potencia.

Tampoco es posible obtener magnetizaciones de diferentes potencias o polaridades norte y sur.

Una forma más controlable de obtener agua magnetizada es colocar dos jarras o botellas de fondo plano sobre dos imanes, ubicados uno con su polo norte, y el otro con su polo sur hacia arriba. Conviene que estos imanes sean redondos, planos, de alrededor de 8 o 10 cm. de diámetro, y deben estar separados como para que sus campos magnéticos no influyan en forma apreciable entre sí; la potencia de los imanes no debe ser inferior a los 2,000 gauss.

Al cabo de un período de doce horas, el agua de ambas botellas estará magnetizada de acuerdo con la polaridad de la cara puesta en contacto con el fondo de la botella, y puede mezclarse, o administrarse separadamente, de acuerdo con las características de la enfermedad a tratar.

Si se van a utilizar de forma individual, es preciso marcar claramente la polaridad de cada botella; en el caso de mezclarlas, es preciso hacerlo por partes iguales, a fin de que ninguna polaridad prive sobre la otra.

El tercer método consiste en sumergir un imán potente (no menos de 2,000 gauss) en una jarra con agua, y dejarlo allí entre 12 y 24 horas.

Este método permite llegar a potencias más altas que el anterior, pero al igual que en el primero, no puede controlarse la polaridad, y conviene que se utilicen sólo imanes cerámicos, ya que los metálicos podrían oxidarse, contaminando el agua.

Dosis

Con respecto a las dosis, debe efectuarse una diferenciación entre los tratamientos de niños y de adultos: a los primeros se les pueden administrar de 3 a 4 cucharadas de postre (15 mililitros) por día, a intervalos regulares; los adultos pueden ingerir 3 veces por día 25 ml. cada vez. La frecuencia de las dosis, sin embargo, puede aumentarse de acuerdo con la gravedad de la dolencia; en casos de reacciones dolorosas, o envenenamiento agudo de la sangre, por ejemplo, es recomendable una frecuencia de una dosis cada dos horas, hasta superar la crisis.

Efectos terapéuticos

La polaridad del agua magnetizada a utilizar se determina de acuerdo con la enfermedad a tratar.

Las aplicaciones de agua magnetizada polarizada y mixta podría resumirse de la siguiente forma:

Agua con polaridad norte

El agua con polaridad norte aminora o reprime el crecimiento y la actividad de bacterias, virus, hongos, tumores y, en general, toda forma de vida.

Es muy recomendable en todo tipo de infección, y en cierta forma puede ser considerada como un antibiótico moderado. También puede utilizarse, como el agua tibia, como un reconstituyente energético.

Indicaciones para su uso: fiebre tifoidea, sarampión, varicela, viruela, infecciones urinarias y envenenamiento de la sangre. Esta agua también tiene propiedades preventivas, especialmente contra los estados gripales; asimismo, puede emplearse contra el mal aliento, como enjuague bucal contra todo tipo de infecciones y dolores en la boca, las encías y la garganta.

Otras de las aplicaciones del agua de polaridad norte son las infecciones de los ojos, sobre todo cuando se nota enrojecimiento e inflamación de las membranas oculares; y los parásitos de los niños, que pueden eliminarse rápidamente por este método.

Agua con polaridad sur

El agua con polaridad sur es fría y absorbe calor corporal, a la vez que alivia los dolores físicos, activa el crecimiento y la actividad bacteriana, y en general, toda forma de vida.

Indicaciones para su uso: su principal aplicación está en todo tipo de padecimiento acompañado de dolores y debilidad muscular, por ejemplo la artritis reumatoide y la tendinitis, o "codo de tenista".

Agua mixta o bipolar

Indicaciones para su uso: La administración de agua magnetizada bipolar debe hacerse únicamente en casos generales; se utiliza para incrementar la resistencia orgánica, y para fortificar energéticamente a las personas sanas.

También se recomienda para varias afecciones que no pueden encuadrarse fácilmente dentro de las indicaciones para las aguas unipolares. En la literatura especializada, el agua mixta siempre está generalmente relacionada con las infecciones reumáticas articulares y la gota.

Es un reconstituyente activo, y las personas sanas que la usan, luego de un gran esfuerzo suelen recuperarse más rápido con ella, sintiéndose asimismo más fuertes y rejuvenecidas.

Tratamientos con imanes

Debemos de seguir algunas reglas generales para la aplicación de los diferentes tratamientos que se aplican en la magnetoterapia:

Asegurarnos de que no existen contraindicaciones.

Prevenir al paciente de que los síntomas pueden agravarse al comienzo del tratamiento, debido al alto nivel de metabolización de los productos de desecho, acelerado por los campos magnéticos.

A un paciente ambulatorio, que lleva a cabo sus propias aplicaciones en su hogar, es preciso aconsejarle que aumente el consumo de agua, a fin de eliminar más rápidamente los productos de desecho.

Tomemos en cuenta cada síntoma que pueda indicar una sobredosis en el tratamiento.

Los imanes más usados para los tratamientos en la magnetoterapia son:

Tratamiento básico: Imanes permanentes, de formato redondo o anillo, planos, de alrededor de 6 a 10 cm de diámetro, encapsulados o no. Potencias entre 3,000 y 4,500 gauss.

Tratamiento local: Imanes medianos, de potencias entre 1,500 y 2,500 gauss, e imanes más pequeños para el cuello y puntos delicados, como los ojos, sienes, frente, etc.; estos últimos de preferencia en formato medialuna.

El tiempo límite para el tratamiento básico o general, salvo raras excepciones, es de 10 a 12 minutos.

Carece de sentido prolongar este tiempo, ya que el organismo humano sólo puede absorber una limitada cantidad de energía magnética por sesión.

Es preferible aumentar el número de aplicaciones diarias, que modificar su duración.

Cualidades de los polos

Los principios fundamentales de estos tratamientos con imanes residen básicamente en la aplicación selectiva de ambos polos, es decir, los extremos o caras de los imanes donde la concentración de líneas de fuerza es mayor.

Ahora bien; como hemos estado viendo, cada imán tiene forzosamente dos polos, y ninguno de ellos puede existir sin el otro, aunque muchas veces, en los trabajos de magnetoterapia se mencione un imán de polo sur, como si el otro no existiera.

Sin embargo, la pregunta surge sola: ¿Cuál es el polo norte, y cuál el polo sur de un imán?

Para determinarlo, el sistema más práctico se basa en recordar que polos iguales se repelen, y polos opuestos se atraen, hecho que se hace muy evidente si observamos la dirección y sentido de las líneas de fuerza.

Por convención, se ha determinado que el polo sur magnético se encuentra en las inmediaciones del polo norte geográfico, y viceversa: el polo norte magnético está cerca del polo sur de la Tierra; por lo tanto, si dejamos que un imán gire libremente sobre sí mismo (suspendido de un hilo, por ejemplo), finalmente se detendrá con su polo sur apuntando directamente hacia el polo norte, y a la recíproca, el norte hacia el sur.

Resumiendo, diremos que cuando en magnetoterapia se recomienda el polo norte, se hace alusión a la cara o extremo que se orienta hacia el polo norte geográfico, y el polo sur que utilizamos es aquel que se ubica en dirección sur.

Por tradición, el primero de ellos se colorea de rojo (es el polo del calor y de la vida) para que sea bien visible, y el segundo suele pintarse de verde para diferenciarlo.

Sabemos que en las terapias magnéticas podemos hacer un uso discriminado de ambos polos, y es importante poder distinguirlos a simple vista y rápidamente, a modo de aprovechar sus diferentes propiedades.

A grandes rasgos, las diferencias entre las cualidades de ambos polos son las siguientes:

Polo norte	Polo sur
Positivo	Negativo
Dar	Recibir
Activar	Retardar
Estimular	Calmar
Calor	Frío
Yang	Yin

Basándose en estas diferencias, es fácil comprender que las aplicaciones de cada uno de los polos sean diferentes;

por ejemplo, el norte es particularmente recomendable contra infecciones, quemaduras, hemorragias y tumores, mientras que el polo sur se utiliza en dolores, rigidez, debilidad muscular y problemas digestivos.

Posibilidades de aplicación

Los tratamientos magnéticos pueden aplicarse bajo dos conceptos terapéuticos diferentes.

Unipolar. Bajo este método se aplica solamente un imán, cuyas propiedades específicas deben ajustarse estrictamente al diagnóstico del paciente.

Bipolar. Se utilizan los dos polos a la vez, es decir, dos imanes, en otros puntos distintos del cuerpo. Estas aplicaciones pueden hacerse en forma local o general.

Tratamientos locales

Este tratamiento utiliza campos magnéticos para curar afecciones localizadas, como por ejemplo, dolores articulares tratados mediante un campo transversal a la zona afectada. También es posible atender dolores localizados en brazos y piernas, colocando un imán sobre el área lastimada, y otro bajo la planta del mismo pie, o la palma de la mano.

Tratamientos generales

El tratamiento general se aplica cuando la enfermedad no puede ser tratada localmente, o cuando se trata de una afección interna, o demasiado extendida.

Estos tratamientos permiten que los campos magnéticos alcancen zonas más extensas del cuerpo, colocando los imanes bajo las palmas de las manos o bien, bajo las plantas de los pies, en función del tipo de dolencia, como veremos más adelante.

Básicamente, si la zona afectada se localiza dentro de la parte superior del cuerpo, como una espondilitis cervical, por ejemplo, los imanes se colocarán en las palmas; si se trata de la parte inferior (artritis reumatoide o similar), bajo las plantas de los pies, y si ocupa ambas secciones (lumbago, ciática, con extensión a las piernas), un imán bajo una palma, y otro bajo un pie.

Hay cinco métodos de tratamientos generales:

Método 1	Mano derecha (rojo - norte)
	Mano izquierda (verde - sur)
Método 2	Mano derecha (rojo - norte)
	Pie izquierdo (verde - sur)
Método 3	Mano izquierda (rojo - norte)
	Pie izquierdo (verde - sur)
Método 4	Mano derecha (rojo - norte)
	Pie derecho (verde - sur)
Método 5	Pie derecho (rojo - norte)
	Pie izquierdo (verde- sur)

Estos tratamientos están basados en la armonización de las fuerzas bioeléctricas presentes en el cuerpo humano; todas las fuerzas bioeléctricas positivas se encuentran representadas en la mano izquierda, mientras que las negativas se manifiestan en la mano derecha.

Los principios en que se basa la aplicación de los imanes bajo las plantas de los pies y las palmas de las manos, están relacionados con los de la acupuntura, que parte de la base de que todo el cuerpo humano está integrado por meridianos bioenergéticos, es decir, líneas de energía que ejercen una enorme influencia sobre las personas.

Durante la enfermedad, estos meridianos pierden su alineación, y haciendo que la recuperen, su influencia puede resultar altamente beneficiosa y en ocasiones definitoria para el paciente.

Una de las formas de hacer que estas líneas de fuerza recobren su alineación correcta, es la de influir sobre ciertos puntos de entrada ubicados en las manos y los pies, ejerciendo sobre ellos una fuerza magnética, que restituye a los meridianos su posición original, es decir, la salud.

Otra razón para aplicar los imanes bajo las palmas de las manos o las plantas de los pies, reside en que, de esa forma, las líneas de fuerza cubren una zona mucho más extensa, que puede ser precisa y específicamente delimitada. En el caso de utilizar los imanes bajo las dos plantas, por ejemplo, el campo magnético cubre ambas piernas y la parte inferior del cuerpo, mientras que bajo ambas palmas lo hace con los brazos y la parte superior, y así sucesivamente.

La aplicación de un tratamiento general se decide usualmente cuando se dispone de un diagnóstico claro y preciso, y puede complementarse con cualquiera de los tratamientos convencionales.

Otro punto clave en estos tratamientos es decidir qué imán se aplica en qué punto, por ejemplo, en el método general 1, qué polo se coloca bajo el pie izquierdo y cuál bajo el derecho, etcétera. Para tomar estas determinaciones existen ciertas reglas generales, aunque con algunas excepciones que analizaremos más adelante. Estas reglas son las siguientes:

El polo sur (verde) se aplica en la parte izquierda del cuerpo, y el norte (rojo) en la derecha.

Cuando se tratan dos zonas, una debajo de la otra, (por ejemplo el cuello y la cintura) el polo sur se coloca debajo del norte.

Cuando se tratan el frente y el dorso del cuerpo, (por ejemplo, el estómago y la espalda) el polo norte se aplica adelante y el sur atrás.

En aplicaciones sobre la parte interna y externa de las articulaciones, el polo sur va en el interior, y el norte en el exterior.

En resumen:

Norte (rojo)	Sur (verde)
Derecho	Izquierdo
Arriba	Abajo
Adelante	Atrás
Exterior	Interior

La explicación sobre este ordenamiento del polo norte sobre la parte derecha, y el sur sobre la izquierda, resulta más clara si la enfocamos basándonos en algunos principios filosóficos orientales, fundamentados a su vez en ciertas leyes naturales que rigen el movimiento aparente del Sol.

Si consideramos que en el ser humano el comienzo diario de la energía Yang coincide con la salida del Sol, aumenta hacia el mediodía y decrece lentamente hacia el atardecer, se puede afirmar que el movimiento de energía a través del cuerpo se realiza en el sentido de las agujas del reloj.

Esto nos indica también, que el polo norte es el que entrega, y el polo sur el que toma; por lo tanto, para estimular el flujo energético del cuerpo, es necesario movilizarlo de derecha a izquierda, es decir en el sentido de las agujas del reloj.

Cómo elegir el imán adecuado

Los imanes se encuentran disponibles en distintas formas y potencias, pero eso no significa que pueda aplicarse cualquier imán contra cualquier enfermedad, sino que la potencia, tipo y tamaño deben adecuarse al diagnóstico previo.

A continuación analizaremos algunos puntos a tener en cuenta en el momento de elegir el imán apropiado:

Período de duración de la enfermedad desde sus comienzos (afecciones agudas o crónicas).

Parte del cuerpo afectada.

Edad del paciente (niños, adultos o ancianos).

Sensibilidad del paciente al magnetismo.

En todas las zonas protuberantes del cuerpo, tales como la frente y la nariz, el mejor efecto se logra con imanes semicirculares (medialuna), que proporcionan un efecto envolvente.

Es preferible no tratar con imanes potentes las áreas sensitivas, tales como el cerebro, las sienes, el pecho y el cuello, ya que resultan muy vulnerables a los efectos de los campos magnéticos.

Sobre la espalda, la cintura, las caderas, brazos y piernas, pueden utilizarse imanes de mayor potencia.

Los niños y ancianos no deben tratarse con imanes potentes, ya que reaccionan excesivamente a sus radiaciones.

No deben aplicarse imanes a mujeres embarazadas.

Antes de tratar a un paciente, se debe hacer una evaluación exhaustiva de su estado general de salud.

En algunas ocasiones es preciso extremar los cuidados, particularmente en aquellos pacientes demasiado sensitivos a los campos magnéticos.

En estos casos, las contraindicaciones se manifiestan en forma de pesadez en la cabeza, cansancio, cosquilleo en los dedos, insomnio, etc.

Es recomendable adaptar la potencia y tiempo de exposición de los imanes, tanto al paciente, como a su enfermedad.

En líneas generales, deben utilizarse imanes más potentes cuanto mayor sea el tiempo de duración de la enfermedad. Lo mismo puede decirse de los tiempos de aplicación.

Durante los tratamientos generales, es imprescindible que el paciente se encuentre magnéticamente aislado de la tierra; esto se logra sentándolo sobre una silla o taburete de madera, y con los pies apoyados sobre una tabla de al menos dos centímetros de espesor, cualquiera que sea el punto de aplicación de los imanes.

Esta precaución no es necesaria en los tratamientos locales.

Es de vital importancia que el magnetoterapeuta evalúe cuidadosamente todos estos factores, antes de proceder a la selección del imán adecuado.

Duración del tiempo de aplicación

Para determinar el tiempo de aplicación de cada sesión de magnetoterapia se utilizan criterios similares a los de la selección de imanes.

Afección aguda o crónica.

Qué parte del cuerpo se va a tratar.

Tratamiento local o general.

Edad del paciente.

Hipersensibilidad a los campos magnéticos.

Como tiempo tentativo diremos que un lapso de 10 a 12 minutos al día es suficiente, pero lo mejor es comenzar con aplicaciones de 5 a 8 minutos, para luego ir aumentándolas hasta el plazo antes mencionado.

En caso que se aprecie algún síntoma de hipersensibilidad, puede contrarrestarse el efecto colocando una placa de zinc debajo de los pies descalzos del paciente.

A continuación, debe suspenderse el tratamiento, o reducir la intensidad y el tiempo, hasta que los síntomas desaparezcan por completo.

En casos que no registran signos de hipersensibilidad, el tiempo límite puede alargarse ligeramente, pero los niños y personas débiles nunca deben exceder el plazo de 10 minutos.

Por lo general, puede decirse que en las enfermedades de corta duración, el tiempo no necesita ser tan prolongado, pero en afecciones crónicas, es posible elevar los tiempos hasta un límite de 20 minutos en una sola sesión diaria, o dos de 15 minutos cada una.

Con respecto a la duración del tratamiento, depende casi por entero de la gravedad de la enfermedad, y debe continuarse hasta que el paciente se halle completamente curado.

Como en la mayoría de las terapias, no siempre es posible obtener una cura completa, y en el peor de los casos es razonable asumir que si no se han obtenido resultados visibles al cabo de cinco tratamientos, no tiene sentido seguir intentándolos.

Sin embargo, cabe destacar también que en este sentido puede haber diferencias significativas si se utilizan imanes medianos o muy potentes; si una persona es tratada durante cinco sesiones con imanes medios, es razonablemente seguro deducir que tampoco los imanes más potentes darán resultado.

Lo que sí puede suceder, es que los imanes de mediana potencia den un resultado regular, que puede optimizarse aplicando imanes de alta potencia.

En tratamientos largos, después de la recuperación puede continuarse el tratamiento con una terapia de apoyo de 10 minutos, una vez al día; este proceso actúa como un tratamiento preventivo contra recaídas, aunque por lo general las estadísticas indican que la enfermedad rara vez reincide.

Este tipo de terapia puede aplicarse asimismo a gente sana, como medida preventiva; en ese caso, se aplican dos imanes debajo de las manos y dos debajo de los pies, para tratar la parte superior e inferior del cuerpo simultáneamente, o en forma alternativa, 10 minutos cada par.

El uso de los magnetos en el hogar

El momento ideal para llevar a cabo un tratamiento hogareño es durante la mañana, preferiblemente después del aseo matutino, y antes del desayuno.

No es conveniente utilizar los imanes después de una comida pesada, pues pueden provocar náuseas.

Debido a que el tratamiento eleva la temperatura corporal, es recomendable no ingerir ninguna bebida fría por lo menos durante una hora después del tratamiento; las bebidas y comidas naturales o calientes no tienen contraindicaciones.

Los relojes pueden ser seriamente dañados por los campos magnéticos, por lo que es recomendable quitárselos durante la sesión; los anillos, pulseras y brazaletes no producen efecto alguno.

Los imanes sólo deben ser utilizados por la persona para quien han sido recetados, debido a los requerimientos antes mencionados, respecto a tipo, potencia, tiempo y lugar de aplicación.

Los tratamientos magnetoterapéuticos no ejercen influencia alguna sobre las medicinas u otros tratamientos médicos, de modo que pueden ser utilizados en conjunto, sin ninguna contraindicación.

La experiencia recomienda ajustar la ingestión diaria de líquidos, para proporcionar al organismo la posibilidad de eliminar la mayor cantidad de productos de desecho. Esto significa que debe ingerirse cierta cantidad de líquidos extra después de la terapia, ya que de otra forma la afección podría agravarse a causa de los elementos de desecho.

La salud por el magnetismo

Antes de ver cómo pueden ayudarnos los magnetos para aliviar y curar las afecciones más frecuentes, conviene que hagamos un resumen de los cinco métodos o técnicas.

Por regla general aplicaremos el polo norte de un imán en el costado derecho del cuerpo, y el polo sur en el costado izquierdo, el polo norte en la parte anterior (frente, pecho, etc.) y el polo sur en la parte posterior (espalda, etcétera).

Técnica 1

Colocaremos el polo norte de un imán debajo de la palma de la mano derecha y el polo sur del otro imán debajo de la palma de la mano izquierda. Sumamente equilibrante, esta técnica se utiliza sobre todo en enfermedades o dolencias de la parte superior del cuerpo.

Técnica 2

Colocaremos el polo norte de un imán debajo de la palma de la mano derecha y el polo sur del otro imán debajo del pie izquierdo.

Técnica 3

Colocaremos el polo norte de un imán debajo de la palma de la mano izquierda, y el polo sur del otro imán debajo del pie izquierdo.

Técnica 4

Colocaremos el polo norte de un imán debajo de la palma de la mano derecha y el polo sur del otro imán debajo del pie derecho.

Técnica 5

Colocaremos el polo norte de un imán debajo de la planta del pie derecho y el polo sur del otro imán debajo de la planta del pie izquierdo.

Afecciones de la garganta

Afonía (técnica 1)

Amigdalitis (técnica 1)

Faringitis (técnica 1)

Irritación de la garganta (técnica 1)

Laringitis (técnica 1)

Aplicar el polo norte durante treinta minutos antes de acostarse. Si persisten las molestias, aplicarlo tres veces al día.

Afecciones de la piel

Abscesos (depende del lugar en que se hallen)
Acné

Pueden hacerse sesiones de 15 minutos de la técnica 1.

Aplicar el polo norte, envuelto en una gasa esterilizada, tres veces al día, durante cuarenta minutos.

El agua magnetizada refuerza la acción del imán, ayudando a la mejor limpieza y funcionalidad de la piel. Su efecto tónico se manifiesta por la mejor nutrición de ésta, lo cual ayuda a la mejoría de los síntomas del acné.

Se ha observado que el acné, especialmente en los más jóvenes, tiende a desaparecer con relativa rapidez, en tres o cuatro semanas según su importancia, cuando se beben unos dos litros por día de agua magnetizada. En la primera semana ya se aprecia una disminución de los síntomas, y esto solamente con la ingestión de agua magnetizada, pero si además se utiliza ésta para la higiene facial, rociándose la cara y dejando que se seque por sí sola, se refuerza esta acción.

Callosidades (técnica 5)
Caspa (técnica 1)
Dermatosis en general
Erupciones (depende del lugar en que se hallen)
Eczemas (depende el lugar en que se hallen)
Flemones (técnica 1)
Forúnculos (depende del lugar en que se hallen)
Herpes (depende del lugar en que se halle)
Ictiosis (depende del lugar en que se halle)

Infecciones por hongos
Piel seca (depende del lugar en que se halle)
Psoriasis (depende del lugar en que se halle)
Pústulas (depende del lugar en que se hallen)

Aplicar el polo norte de un imán en la zona afectada, envuelto en una gasa esterilizada, dos veces al día, durante unos veinte minutos, y rociar con agua magnetizada, dejándola secar por sí sola. Consumir preferentemente dos litros diarios de agua magnetizada.

La capacidad disolvente del agua magnetizada se aprecia por la mayor espuma que produce con champús, geles y jabones; por eso ayuda a la mejor limpieza y funcionalidad de la piel, dejando el cabello suave brillante y fuerte, al igual que las uñas. Su efecto tónico se manifiesta por la mejor nutrición de la piel, coadyuvado a la mejoría de los síntomas de las dermatosis en general.

Afecciones de los huesos

En general, aplicación de las técnicas 1 y 5.

Afecciones de los ojos

Defectos visuales
Estrabismo
Inflamación de los párpados
Vista cansada

Aplicar el polo norte de un imán en el ojo dañado (o en los dos) y el polo sur de otro imán en la palma de la mano derecha, durante 10 o 15 minutos. Este tratamiento es útil para cualquier tipo de afección ocular.

Afecciones del aparato digestivo

Acidez (técnica 1)
Dispepsias (técnica 1)
Dolor de estómago (técnica 1)
Flatulencias (técnica 1)
Estreñimiento (técnica 1)
Náuseas (técnica 1)
Pereza intestinal (técnica 1)
Ulcera gástrica (técnica 1)

Aplicar el polo norte de treinta a cuarenta y cinco minutos en la zona en donde se advierte la molestia. Para los dolores abdominales causados por las flatulencias, debe aplicarse en la región del ombligo.

En los casos de úlcera gástrica debe ser el polo sur del imán el que se aplique dos veces al día, durante treinta minutos cada vez.

Beber de uno a dos litros diarios de agua magnetizada. Tomar un vaso antes de acostarse, otro al levantarse y un vaso después de cada comida, muy lentamente. Su acción es, en general, normalizadora de las secreciones digestivas y del peristaltismo intestinal, de ahí su utilidad en las dispepsias (digestiones lentas y difíciles), pesadez de estómago, flatulencias, etc.

En el estreñimiento, la energía que absorbe el agua al ser imantada estimula los movimientos peristálticos del intestino; de ahí su importancia en este trastorno que, cuando es de origen funcional, suele regularizarse en veinticuatro horas. Por ello se aconseja beber como mínimo dos litros de agua diarios, preferiblemente uno o dos vasos antes de acostarse y al levantarse.

En los casos de acidez, aplicar el polo norte recorriendo la zona en donde se advierte la molestia y beber muy lentamente un vaso de agua magnetizada (la ingestión debe durar unos diez minutos).

Afecciones del hígado y de la vesícula

Como regla general, aplicar la técnica 1.

Beber dos litros diarios de agua magnetizada. Tomar un vaso antes de acostarse, otro al levantarse y un vaso después de cada comida, muy lentamente. El agua magnetizada tonifica y regula las funciones hepáticas y las de la vesícula biliar. En las crisis vesiculares la vesícula se vuelve flexible e indolora, y en las deposiciones se puede constatar la evacuación de pequeños cálculos biliares.

En los casos de predisposición a la formación de cálculos biliares, el agua magnetizada no sólo impide la formación de los cálculos provocados por las sales cálcicas, sino que su mayor capacidad de disolución contribuye a disolver lentamente los ya formados. La cantidad recomendada cuando hay cálculos biliares es de dos a tres litros diarios de agua magnetizada. Según su importancia, los cálculos biliares pueden desaparecer totalmente en dos o tres meses.

En los casos de hepatitis, beber 35 mililitros de agua magnetizada por kilo de peso. Nuestra experiencia en estos casos es muy limitada, pero los resultados observados han sido sorprendentes. La recuperación fue muy rápida en comparación con otros pacientes que no consumieron agua magnetizada.

En caso de hepatitis también se puede aplicar el polo sur de un imán en la zona del hígado.

Afecciones del riñón

Pueden hacerse sesiones de 15 a 30 minutos con la técnica 1 y con la técnica 5.

Tres sesiones de treinta minutos al día con el polo norte sobre la zona afectada. Tomar como mínimo dos litros diarios de agua magnetizada en todas las afecciones en las que se precise un aumento de la diuresis, especialmente para disolver cálculos o favorecer su expulsión.

En los casos de cálculos renales, el agua magnetizada no sólo impide la formación de cálculos provocados por las sales cálcicas, sino que su mayor capacidad de disolución contribuye a disolver lentamente los ya formados. La cantidad recomendada es de dos a tres litros diarios de agua magnetizada. En los cólicos nefríticos, aplicar el polo norte de dos o tres imanes unidos en el riñón, uréter o vejiga afectados, contribuye a una recuperación más rápida.

Según hemos observado, las molestias desaparecen o disminuyen en gran parte, en el tiempo que se tarde en beber dos litros de agua magnetizada.

Alergias

Las personas que sufren alergia deben tomar agua magnetizada regularmente, sobre todo antes de la primavera. Da buenos resultados aplicar las técnicas 1 y 5.

Anemia

Utilizar la técnica 1, que puede combinarse con la ingestión de agua magnetizada.

Artritis

Pueden alternarse sesiones diarias de 30 minutos de la técnica 1 y la técnica 5, bebiendo entre uno y dos litros de agua magnetizada por día.

Callos en los pies

Aplicar el polo sur en los pies descalzos.

Los pies con callos o durezas encontrarán gran alivio metiéndolos en un baño de pies con agua magnetizada a temperatura agradable antes de acostarse. El uso continuado de esta práctica contribuye a una mejoría notable de los callos e incluso a su desaparición. Como complemento es aconsejable añadir al agua un poco de vinagre, mejor si es de sidra o de manzana.

Celulitis

Beber de dos a tres litros diarios de agua magnetizada.

Ciática y lumbago

Situar el polo norte sobre la quinta vértebra lumbar y el polo sur bajo la planta del pie descalzo que corresponda a la pierna afectada. Si es posible, es mejor aplicar dos imanes terapéuticos en cada uno de estos sitios. En las ciáticas es frecuente que aparezca el dolor en cualquier parte entre la quinta vértebra y el pie, pero de todos modos, primero se deben aplicar los imanes. Después ya se podrá colocar el polo norte en el sitio dolorido.

Conjuntivitis

Situar el polo norte sobre el ojo de diez a quince minutos como máximo, tres veces al día.

Dolor de espalda

Aplicar el polo norte de un imán en la parte superior de la columna y el polo sur en el lugar donde el dolor sea más agudo. Como prevención se puede alternar el polo norte en la parte superior de la espalda y el polo sur en la inferior con el polo norte en la derecha y el polo sur en la izquierda.

Dolores

Para el tratamiento adecuado de los dolores es necesario localizar correctamente el lugar preciso en donde se originan, ya que algunas veces el malestar se refleja lejos de su origen, como ocurre en las ciáticas. El agua magnetizada coadyuva con los fármacos antiálgicos para conseguir la sedación del dolor.

Dolores de cabeza

Dolores de cabeza en general (técnica 1)

Jaquecas (técnica 1)
Migrañas (técnica 1)

Aplicar el polo norte en el lugar donde se localice el dolor. Treinta minutos deben ser suficientes. De no ser así, hay que descansar quince minutos y volver a aplicarlo otros treinta minutos. A veces los dolores que no se eliminan con ningún analgésico desaparecen bebiendo muy lentamente un vaso de agua magnetizada. Como complemento, aplíquese el polo norte en el plexo solar o epigástrico

Dolores de la región cervical

Artrosis cervical

En general, aplicar el polo norte cuando exista dolor. Cuando no haya dolor, usar el polo sur para regenerar los tejidos (ver enfermedades de las articulaciones).

Cervicalgias (técnica 1)
Dolores y rigidez cérvico-dorsal (técnica 1)
Dolores y rigidez escapulares (técnica 1)

En los casos de artrosis, cuando haya desaparecido el dolor, se aplicará el polo sur para regenerar los tejidos (ver enfermedades de las articulaciones).

Dolores de la región dorsal

Algias sacro-ilíacas

Aplicar el polo norte de un imán en la zona dolorida.

Artrosis

Aplicar el polo norte de un imán en la zona dolorida. Cuando no haya dolor, usar el polo sur para regenerar los tejidos (ver enfermedades de las articulaciones).

Dolores y rigidez dorso-lumbar (técnica 5)

Dorsalgias (dolor de espalda) (técnica 5)

En general, aplicar el polo norte cuantas veces sea posible hasta la desaparición del dolor.

Dolores de los miembros

Calambres (agua magnetizada)

Dolores articulares (técnica 5)

Esguinces

Gonalgias (orquitis)

Aplicar el polo norte cuantas veces sea posible hasta la desaparición del dolor.

Si el dolor se manifiesta en el hombro o parte del brazo, poner el polo norte en esta zona y el polo sur en la mano correspondiente al brazo afectado. En caso de que el dolor persista, aplicar el polo norte a un lado del brazo o del hombro y el polo sur en el lado contrario.

Dolores dentales

Situar el polo norte directamente sobre la piel, a nivel del dolor, hasta que éste se alivie o desaparezca.

Dolores musculares

Aplicar el polo norte durante diez minutos, dos veces al día. El dolor suele desaparecer al cabo de ocho días.

Enfermedades de las articulaciones

Artrosis

Artritis reumatoide

Bursitis

Aplicar el polo norte tres veces al día o más, si se cree conveniente, en las articulaciones afectadas. El tiempo de aplicación es variable: hasta que desaparezca el dolor. Una vez desaparecido éste, aplicar el polo sur para regenerar los tejidos.

Enfermedades del sistema nervioso

Epilepsia (técnica 1)

Parálisis cerebral (técnica 1)

Trastornos mentales (técnica 1)

Aplicar el polo norte en el entrecejo, no más de diez o quince minutos por la noche, antes de acostarse.

Estrés

Nerviosismo

Aplicar el polo sur de un imán en la parte posterior del cuello. Situar el polo norte en el plexo solar o epigástrico tres veces al día, de veinte a cuarenta minutos como mínimo. Se obtendrán resultados positivos desde la primera sesión.

Fatiga crónica

Como norma general, aplicar la técnica 1.

La fatiga crónica, el cansancio y el agotamiento patológicos se regularizan rápidamente con la ingestión de dos litros diarios de agua magnetizada que, al facilitar una mejor nutrición del organismo a escala celular, aumenta el tono vital y proporciona, tanto un mejor rendimiento físico y mental como una mayor facilidad para la relajación y el bienestar.

Fístulas

Como norma general aplicar la técnica 5.

Aplicar el polo norte sobre la fístula el mayor tiempo posible, teniendo la precaución de cubrirlo con una gasa esterilizada.

Fracturas de huesos y ligamentos

Comenzar aplicando primero el polo norte. Si no hay riesgo de infección, aplicar los polos sur y norte a la vez, uno a cada lado, alternándolos.

Gota

Como regla general, aplicar alternativamente la técnica 1 y la técnica 5.

Deben tomarse dos litros diarios de agua magnetizada para eliminar el ácido úrico depositado y para librar al organismo de las materias de desecho.

Hemorroides

Como regla general aplicar la técnica 5.

Aplicar el polo norte sobre las hemorroides el mayor tiempo posible, teniendo la precaución de cubrirlo con una gasa esterilizada.

Consumir diariamente dos litros de agua magnetizada. A veces las hemorroides son ocasionadas por el mismo estreñimiento. Según nuestra experiencia, los casos de hemorroides se han regulado en un período entre dos y tres semanas.

Heridas

Abrasiones

Cortes

En general, alternar la técnica 1 y la técnica 5.

Colocar el polo norte sobre la herida para reducir la inflamación hasta que la herida se cierre.

No olvidemos poner una gasa esterilizada entre la herida y el imán terapéutico. Una vez cerrada la herida, colocar el polo sur sobre ella para favorecer la cicatrización de los tejidos.

Hipo

Para calmarlo, aplicar la técnica 1.

Aplicar sobre el epigastrio el polo norte o el polo sur indistintamente.

Histerismo

Como regla general, aplicar la técnica 2.

Aplicar el polo norte sobre la parte baja del abdomen, por encima del útero, y el polo sur en la entrepierna, a la altura del perineo.

Insomnio

Como regla general, aplicar la técnica 5.

Aplicar el polo norte sobre la frente por la noche, antes de acostarse, durante diez o quince minutos.

El agua magnetizada actúa como agente relajante a nivel psicosomático. Reduce los síntomas del estrés en sus diversas manifestaciones: tensión muscular, hipertensión arterial, palpitaciones, cefaleas de tensión, taquicardias funcionales, irritabilidad, insomnio e intranquilidad. Al igual que el polo norte del imán, colocado en el entrecejo al acostarse, ayuda a conciliar el sueño, reduce la hiperexcitabilidad del sistema nervioso, ayuda a la concentración y estimula la memoria.

Mestruaciones dolorosas

Como regla general aplicar la técnica 5.

Aplicar el polo norte donde se localice el dolor. En este caso se recomienda unir dos o tres imanes para aumentar su eficacia.

El tiempo de aplicación dependerá de la intensidad del dolor; no hay inconveniente alguno en mantener colocado el imán hasta que desaparezca el dolor.

Parásitos intestinales

Como regla general, aplicar la técnica 2 y la 4.

Sus efectos desaparecen en unos diez días bebiendo 35 mililitros de agua magnetizada por kilo de peso.

Picaduras de insectos

Aplicar el polo norte sobre la picadura durante el tiempo que se pueda. También es de gran ayuda aplicar amoníaco o vinagre en la herida, mejor si es de sidra.

Prostatitis y retención de orina

Aplicar el polo norte, de cuarenta y cinco a sesenta minutos, tres veces al día, en el bajo vientre, sobre el arco óseo del pubis.

Beber dos litros diarios de agua magnetizada.

Quemaduras

Aplicar sobre la quemadura, con una gasa esterilizada y el mayor tiempo posible, primero el polo norte, hasta que desaparezca la ampolla.

Aplicar después el polo sur en el mismo sitio para estimular la regeneración del tejido.

Reumatismo

Como regla general, aplicar la técnica 1 y la 5.

Tres sesiones diarias, de cuarenta y cinco a sesenta minutos, con el polo norte situado en el lugar en donde se sienta el dolor. Beber dos litros diarios de agua magnetizada.

El reumatismo mejora y, en muchos casos, no presenta más problemas.

Tics nerviosos

Aplicar el polo norte en el lugar en donde se localice la molestia, o el polo sur en la parte posterior del cuerpo. También es recomendable aplicar la técnica 1.

Tos

Como regla general, aplicar la técnica 1.

Aplicar el polo norte en el lugar en donde se localice la molestia.

Vómitos

Como regla general, aplicar la técnica 1.

Realizar movimientos circulares continuos del polo norte en la zona estomacal. Beber lentamente uno o dos vasos de agua magnetizada.

Otras indicaciones

El polo norte del imán terapéutico también está indicado en los procesos inflamatorios e infecciosos, para combatir la ansiedad y para la relajación de todo el organismo.

El polo sur también lo está en los procesos de atrofia, debilidad, desgarros musculares, etc., siempre y cuando no existan riesgos de infección o dolor (en estos casos se debe aplicar primero el polo norte).

Aplicado en el plexo solar aporta energía y vitalidad a todo el organismo.

El polo sur está contraindicado cuando existan procesos infecciosos y tumorales. En estos casos se recomienda aplicar el polo norte.

El consumo del agua magnetizada también es muy recomendado para el tratamiento de todos los trastornos circulatorios, como la hipertensión arterial, la arteriosclerosis, la anemia, las varices, etcétera, así como en las intoxicaciones, la obesidad, la retención de líquidos y el malestar general. Asimismo, ayuda a regular los niveles en sangre de urea, colesterol y glucosa.

Contraindicaciones y precauciones

El agua magnetizada no tiene contraindicación alguna.

En cambio, el imán terapéutico está contraindicado en las embarazadas.

Por su acción magnética a distancia, los portadores de marcapasos y enfermos del corazón no deberán aplicarlo en el área cardiaca para evitar posibles disfunciones del propio marcapasos ni interferir en las descargas bioeléctricas que regulan el latido cardíaco.

Por la misma razón hay que tener la precaución de no colocarlo encima del televisor, monitores de televisión de circuito cerrado, cintas magnéticas de audio o vídeo, disquetes ni computadoras.

El otro magnetismo

Los diferentes fenómenos de telequinesia, telepatía, hipnotismo, magnetismo, radiestesia, escritura automática, visualización, adivinación y sus similares, demuestran concluyentemente que en nosotros existen fuerzas muy superiores a las que se manifiestan por medio de nuestras facultades normales. Esas fuerzas dan la posibilidad de que cada uno de nosotros podamos disponer de lo que llamaremos magnetismo o poder de atracción, el cual nos permite conseguir lo que las habilidades físicas no nos proporcionan. Para que podamos desarrollar a su máximo grado las habilidades que facilitan el ejercicio de ese poder, haremos una exposición de las diversas ramas que permiten la actualización consciente de dichas fuerzas y su aplicación a diversos propósitos.

Comenzaremos explicando que ese poder de atracción a que nos referimos no es más que la extensión de ciertas facultades existentes en todos nosotros, que pueden ser desarrolladas a un grado más o menos intenso, por el mismo procedimiento que es posible desarrollar cualquier músculo. Dependiendo de ese poder del ejercicio de determinada facultad, cuando se manifiesta por medio del sentido de la vista, aparecen las maravillas del espejo mágico y la bola de cristal; si es por medio del tacto, surgen las percepciones psicométricas; en los casos en que se expresa por el automatismo mental, resultan las combinaciones de los valores numéricos o las premoniciones telepáticas; y si entra en actividad el fluido nervioso o la proyección del pensamiento obtendremos la radiestesia, la fascinación, la sugestión o el hipnotismo. En todos los casos, como quiera que sea cada uno de nosotros tiene más sensible una de sus facultades, y lo que unos consiguen por medio de la vista, los otros lo logran, por ejemplo, por medio del oído; es lógico deducir que el ejercicio de ese poder está condicionado por las disposiciones naturales que se posean y la adaptación del sistema que mejor complemente esas habilidades. Si escogemos entre las diversas opciones la que armonice con las disposiciones de nuestra facultad física más activa, es indudable que tarde o temprano, y con mayores o menores esfuerzos, podremos canalizar las fuerzas que viven en nosotros y haremos de ellas un verdadero poder de atracción.

Escogido el sistema, adiestrada la voluntad y desarrollada la aptitud, nuestro poder de atracción sólo tendrá las limitaciones que le imponga la confianza que nosotros depositemos en él, pues en rigor, todo lo que el hombre hace está precedido por su creencia en la posibilidad de hacerlo, y ni siquiera intenta aquello que supone que es superior a sus fuerzas, ya que hacemos todo lo que creemos poder hacer y no hacemos lo que creemos que no podremos realizar. Y si bien es cierto que no es posible establecer los límites de la capacidad humana, está perfectamente comprobado que la "creencia" proviene de la "posibilidad", y si creemos poder hacer una cosa es porque en realidad disponemos de medios para ello, mientras que durante el tiempo que estemos convencidos de nuestra incapacidad para realizar otra, con razón o sin ella, no podremos llevarla a cabo. Como la "confianza" en la posibilidad sólo puede ser obtenida por medio del "conocimiento", que da la certidumbre, en último término, la efectividad de nuestro poder de atracción está supeditada a las siguientes concordancias:

Forma positiva

El conocimiento de una cosa, que despierta nuestra aptitud para disfrutarla.

La aptitud para disfrutarla, que inspira el deseo de poseerla.

El deseo de poseerla, que mueve nuestra voluntad para conseguirla.

Forma negativa

No puede haber voluntad donde no hay deseo.

No hay deseo donde no hay aptitud.

No puede haber aptitud donde no existe el conocimiento.

El conocimiento, por lo tanto, es la base. Sobre él actúa el deseo, se mueve la voluntad y se establecen las correspondencias físicas y mentales que permiten la obtención de resultados prácticos. En algunos casos este conocimiento es instintivo, nacido con la persona y se manifiesta a impulso de la emoción del instante, tal como ocurre cuando algunos animales fascinan a su presa, o las premoniciones que nos dan a conocer lo que está ocurriendo muy lejos de nosotros. En otros, ese conocimiento es producto de un cultivo consciente, sistemático y perseverante de determinadas facultades, como les ocurre a los ciegos, y que distinguen las personas, los colores, etc., por el tacto. Pero ya sea inherente a la naturaleza de la persona, o se adquiera merced a procedimientos especiales, del conocimiento que tengamos de una cosa siempre dependerá nuestra facultad para identificarnos con ella, pues para "creer" es preciso "conocer".

Los diferentes sistemas de magnetismo, sugestión, radiestesia, quiromancia, psicometría, etc., cumplen el objetivo de dar un conocimiento bastante adecuado de las posibilidades que cada uno ofrece para el ejercicio de determinada facultad, y cualquiera de ellos pone a nuestra disposición un "cauce" para que fluyan las fuerzas latentes en nuestro ser y formen el poder de atracción que ilumine nuestro camino y nos facilite llevar a cabo nuestras aspiraciones.

Carisma o magnetismo personal

El término carisma se originó en Grecia y quería decir "un don divino". A comienzos del siglo XX el sociólogo Max Weber enunció que el carisma era un don apartado de los hombres ordinarios. Si bien las técnicas de comunicación aceptan la existencia de nuestros dones naturales, considera que estos constituyen una combinatoria de habilidades y aptitudes, y que si carecemos de ellas naturalmente tenemos la posibilidad de aprenderlas de otros; y así desarrollarlas y aplicarlas con excelencia.

Para liberar nuestro carisma comenzaremos primero por aceptar la creencia de que sí tenemos carisma.

Para comprobar la aceptación de esta creencia hagamos un breve examen:

Ahora mismo, y sin pensarlo dos veces: ¿Cómo evaluaría su habilidad para influir en los demás de manera positiva, conectándose con ellos física, emocional e intelectualmente?

Califiquémonos en una escala de 1 a 10, siendo 10 la mejor. Probablemente nos habremos calificado entre 4 y 7. Si nos calificamos con 1, 2, ó 3 nuestra autoestima está excesivamente baja. Si en cambio, nuestra calificación fue 8 o más, entonces ya podemos ser capaces de persuadir e influir positivamente en los demás.

Consideremos el carisma o magnetismo personal como un aspecto muy importante del liderazgo, pero convengamos que sólo el carisma no hace a un líder exitoso, deben existir otros factores como: un buen desempeño, el conocimiento, el carácter, la experiencia, y la nobleza de su visión y su misión.

Si bien ya hemos mencionado que el carisma es "la habilidad para influir en otros de manera positiva", queremos agregar que nos enseñan a potenciar nuestro carisma a través del entrenamiento de técnicas y estrategias de comunicación.

"No basta saber, hay que aplicar lo que se sabe; no basta querer hacer las cosas, hay que hacerlas".

El magnetismo personal se revela de muy distintas maneras en personas diferentes. Cada uno de nosotros, puede desarrollarlo dentro de las líneas de su propio estilo.

Leamos las siguientes declaraciones de personas que han sido identificadas como persuasivas de acuerdo a su magnetismo personal.

Marquemos aquellas declaraciones con las cuales nos identifiquemos:

Siento que tengo la habilidad de suprimir los detalles y llegar al grano, a las cosas que importan, a lo que va a tener impacto sobre el resultado final. No me enredo. No permito que las cosas que no están relacionadas interfieran y me impidan tomar decisiones o lograr resultados.

Puedo lograr que los demás hagan las cosas. No me gusta la palabra inspirar, más bien creo que mi entusiasmo y mi energía son los que determinan que la gente quiera realizarlas conmigo. Ellos se entusiasman con lo mismo que me entusiasma a mí, y quieren hacer lo necesario para llevarlo a cabo.

Pienso que la gente se siente atraída por mi habilidad para sopesar las cosas y resolver distintos problemas. Disfruto encontrando soluciones que a nadie se le habían ocurrido antes. Soy una de esas personas que se despierta en medio de la noche y dice: "Caramba, sé de una mejor manera de hacerlo".

Soy una persona que por naturaleza sabe escuchar. Me resulta fácil reunir información, organizarla, y luego relacionarla con la tarea y con las personas involucradas en la situación. He pasado momentos difíciles. Cuando existe un conflicto, me gusta que todo el mundo se entienda y por lo tanto, soy un pacificador. Llego y suavizo la situación de manera que podamos volver a poner las cosas a marchar fácil y armoniosamente.

Me encanta la información nueva: En definitiva, le doy el vuelco a una conversación o simplemente inicio una nueva siempre que puedo relatar algo que acabo de leer. No sé si el resto de la gente lo considera interesante pero la mayoría de las veces es así. Hace poco mencioné algo en una reunión y otra persona se interesó. Todo el mundo terminó por unírsenos y la conversación se prolongó por veinte minutos. "¡Tuve gran éxito!"

Si nos identificamos con cualquiera de las declaraciones que acabamos de leer, ¡tengámoslas en mente!

Ahora tenemos una idea sobre nuestras cualidades especiales.

Afirmación

Acumulo gran parte de fuerza magnética. Acumulo en mi plexo toda la energía magnética del ambiente. Mi magnetismo se torna cada día más radiante. Emito un magnetismo que torna irresistibles mis sugerencias. Concentro fácilmente el magnetismo que está en mí, lo proyecto como lo deseo y en donde me place.

Envío mi fluido. Lo saturo de mi influencia.

Las personas que entran en mi vida están atraídas por mi propio nivel personal.

Tengo magnetismo pues soy amo de mi pensamiento y de mi cuerpo...., esto me da una gran fuerza interior..., esta fuerza..., cada día..., la siento desarrollarse en mí. Controlo y dirijo mi pensamiento a voluntad..., y esta cohesión de impersonalidad influye favorablemente en aquellos que me rodean.

Estos pensamientos atraen hacia ellos fuerzas semejantes...., de amor..., bienestar..., que refuerzan mi potencial magnético.

Siento que irradio de potencia magnética personal..., que esto favorece mis éxitos en la vida..., y me tornan atractivo(a)... ante los hombres..., (o ante las mujeres).... a los que me dirijo amablemente... con la intención de serles benéfico..., por mi irradiación magnética. Ejerzo ahora una atracción irresistible en los hombres (o las mujeres). Regalo con mi magnetismo personal.

Magnetismo sexual

La tradición nos habla de las flechas de Cupido para explicar la repentina y en muchos casos irracional atracción que se establece entre dos personas. En este caso se trata de una sintonización mutua, lo que suele interpretarse como la compatibilidad entre las impresiones emanadas por los dos.

Pero también es indudable que algunas personas tienen un fuerte atractivo para casi todas las demás. Un magnetismo personal que las hace irresistibles y con frecuencia legendarias en un entorno más o menos amplio. Es el llamado "sex-appeal", y suele identificarse con la atracción sexual en cuanto a los mecanismos que lo disparan.

En ambos casos la explicación fisiológica puede ser la misma, aunque el "enamoramiento", como lo llamaban en generaciones pasadas, se produzca sólo cuando cada uno encuentra su media naranja, independientemente del nivel de atracción que sean capaces de producir individualmente.

Suele diferenciarse la atracción sexual, llamada "sex-appeal" en términos anglosajones, de la posterior seducción o conquista, que responde a esquemas sociales mucho más definidos. Por el contrario, la atracción es pura biología, un flechazo instantáneo que no tiene aún mucha explicación.

Algunas teorías afirman la existencia de un código de señales energéticas que se establecen mediante corrientes eléctricas entre los campos electromagnéticos de las dos personas. Si estas señales son identificadas como complementarias, los mensajes se interpretan de forma positiva y producen un efecto de atracción mutua.

Otros expertos defienden una mecánica hormonal como explicación para la atracción sexual. Según ellos, la conexión se realizaría por efecto de una secreción hormonal similar a la que la mujer experimenta durante la ovulación y que tiene el efecto de incrementar su deseo sexual.

Los detractores de esta teoría la relacionan únicamente como un medio natural para fomentar la reproducción, herencia de los mecanismos que en los seres inferiores hacen coincidir en el celo el momento de mayor capacidad reproductiva de ambos sexos. Sin embargo, la teoría más extendida no se aleja mucho del paralelismo con el comportamiento animal, ya que se basa en el olor corporal que, como es bien sabido, juega un papel fundamental en el cortejo de casi todas las especies animales.

Según la teoría más aceptada, existe un poder de atracción u "olor sexual", emanado por la boca y la zona genital. Es indudable la importancia que tiene el olfato en los estímulos sexuales, pero esta teoría va más allá al afirmar su relación directa con las áreas del cerebro que regulan la respuesta sexual.

Inicialmente, los estudios científicos se basaron en las feromonas pero con el tiempo se ha podido determinar, en el bisulfito de metilo, el origen de ese poder de atracción.

Esta sustancia está presente en todas las flores, que lo utilizan para atraer a los insectos. Otras sustancias como la canela y el sándalo explicarían en la concentración de esta sustancia sus reconocidos méritos como afrodisíacos.

Como no podía ser de otra forma, la industria cosmética ha tomado buena nota de estos descubrimientos y utiliza el bisulfito de metilo en sus fragancias más costosas. Las colonias baratas, en cambio, se dirigen a un público familiar y utilizan el olor para enmascarar esos estímulos sexuales.

El estado de ánimo de la persona influye completamente en el olor sexual que emana. Cuando se siente deseable, está predispuesto a una relación, en estado de excitación..., el mismo cuerpo se ocupa de comunicarlo a los demás produciendo mayores cantidades de este olor.

De este modo, la mejor manera, o casi la única, de incrementar nuestro poder de atracción es sentir deseo de atraer y ser atraído. La predisposición a provocar y recibir sentimientos positivos produce en el cuerpo una inmediata respuesta en la emanación de bisulfito de metilo.

Pero esto es sólo la primera parte, la más instintiva de la relación. Partiendo de esta base puramente física, el camino de la respuesta sexual pasa por la mente, complicada en los humanos como en ningún otro animal.

Se le añaden multitud de imágenes previas, conceptos, preferencias basadas en la experiencia o en situaciones vividas, que recordamos quizá subconscientemente y que junto con la educación recibida, el ejemplo familiar, la personalidad..., determinan un modelo social propio de cada persona.

Entonces se llega al momento crítico. El estímulo recibido de la otra persona: su olor, su voz, su presencia, una sonrisa o un gesto, se transmite al hipotálamo, quien a su vez la pasa a la glándula pituitaria.

Allí se libera una hormona que determinará la impresión provocada por esa persona. Las opciones son la atracción o la indiferencia, y en este caso ya no habrá nada que hacer: la química manda, y aquí en estado puro.

Si la persona en la que nos hemos fijado no sintoniza con nuestras intenciones, es probable que se presente con el ceño fruncido y la mirada distraída.

Los bostezos y muecas, la involuntaria negación con la cabeza o gestos de desinterés, como limpiarse las uñas o chasquear los dedos, deberían ser suficientes para hacernos desistir, porque la siguiente prueba es definitiva: el alejamiento.

La condición inevitable para que una persona nos resulte atractiva es que coincida con el ideal fijado desde nuestra infancia. Obviamente, el príncipe/princesa azul será diferente para cada uno dependiendo de sus intereses, sus condicionantes sociales, nivel de educación, circunstancias personales... y de sus propios padres.

Según algunas teorías, el principal condicionante para la fijación de este ideal sería el físico y el carácter de lo que en la infancia aparece como la pareja perfecta: nuestro padre o madre (según se sea chica o chico) o el contrario a él si la relación de nuestros progenitores/educadores no era buena.

Las modas pasajeras fijan el ideal sobre un determinado actor, cantante o personaje público. Los expertos suelen coincidir en que estos modelos no perduran en el tiempo, y aunque pueden producir una atracción muchos años después (incluso sin ser conscientes de su origen) no responden al esquema típico de un "flechazo".

La respuesta inconsciente del organismo, en caso de ser favorable a un acercamiento sexual, comprende señales más o menos claras como cejas arqueadas, ojos muy abiertos y miradas prolongadas. Humedecer los labios con la lengua o mantener la boca abierta y en franca sonrisa, son también señales de que las cosas se presentan bien.

Un acercamiento sutil, discreto aún en la distancia, se manifiesta a través de una inclinación del cuerpo hacia la otra persona, y en una progresiva tendencia a reducir la distancia que los separa, incluso hasta el punto de provocar ligeros roces o pequeños contactos sin mayores intenciones, en principio.

Entonces, una vez que las dos personas saben que están predispuestas y no van a encontrar un rechazo a sus iniciativas, se pasa a la acción consciente, al flirteo y la seducción.

Adquirir mirada magnética

Por las mañanas al levantarnos, y por las noches al acostarnos, coloquémonos delante de un espejo; fijemos nuestros ojos en el entrecejo de la imagen que tenemos al frente y contemos mentalmente hasta el diez, al mismo tiempo que hacemos una aspiración larga. Esta aspiración debe durar hasta la cuenta acordada.

Después, siempre con los ojos fijos en el entrecejo, espiremos contando también diez. Repítase este ejercicio aumentando la cantidad hasta que contemos cuarenta en una sola aspiración; concentremos el pensamiento en la idea de adquirir mirada magnética.

La mirada magnética produce una especie de corriente que transmite nuestro pensamiento a las demás personas. El punto más vulnerable a donde podemos dirigir nuestra mirada cuando queremos influir en alguna persona es el entrecejo, si está frente a nosotros; o en la nuca, si está de espaldas. Concentrémonos en la idea de lo que queremos; hágase una aspiración prolongada; reténgase la aspiración y demos la orden; después espirar con tranquilidad. Repitamos la operación una y otra vez, procurando que el interesado no se dé cuenta de lo que hacemos, hasta que seamos obedecidos. Es de recomendar no darse por vencidos si una o dos veces no conseguimos lo que queremos. Si se persiste con confianza, una confianza absoluta de que tenemos el poder de influir en tal persona, es también absolutamente seguro de que lo lograremos.

Si estamos en un teatro u otro lugar similar, concentraremos nuestra mirada en la nuca de la persona que está delante de nosotros. Al concentrarla, aspirando y espirando de la manera que lo hemos hecho en los ejercicios anteriores, daremos la orden mental de que esa persona debe volver la cara hacia nosotros. Insistamos en la orden, haciéndola cada vez más imperativa, hasta que logremos lo que queremos. Poco importa que la persona se resista una o diez veces. Insistamos. La insistencia nos dará la victoria.

Esto mismo también lo podemos hacer en los paseos y calles. Escojamos una persona del sexo opuesto en un principio, pues resulta más fácil la influencia, y fijemos la mirada en su nuca, al mismo tiempo que damos la orden mental. Cuidemos de hacer esto cuando ninguna otra persona se interponga entre nosotros y nuestro sujeto, pues de lo contrario se corta la corriente y será difícil obtener resultados satisfactorios.

Cómo transmitir el magnetismo

Al igual que ocurre con la imantación de un metal, el magnetismo humano es transmisible por tres medios que son:

Por contacto directo entre dos personas.

Por intermedio de objetos.

A distancia, sirviendo de conductores las fuerzas sutiles que circundan la tierra.

Estos tres medios sufren diversas variantes según el procedimiento que se emplea y los centros de emisión magnética de que se hace uso. Indicaremos a continuación las formas más sencillas.

Magnetización por contacto

Difiere la forma de magnetizar según se trate de una persona o de un objeto. En ambos casos el proceso se reduce a impregnar de magnetismo el cuerpo que queremos magnetizar, al mismo tiempo que concentramos nuestro pensamiento en el objetivo que se desea conseguir. La impregnación se realiza más intensamente cuando sostenemos, por ejemplo, nuestra mano sobre el cuerpo que deseamos magnetizar hasta que se establece entre ambos la misma temperatura. Establecida esta temperatura, llega un instante en que prácticamente sentimos la sensación de que la mano y el objeto forman un solo cuerpo, y en realidad, ambos se comunican. Llegado ese instante, concéntrese la atención en la mano y visualícese que la energía magnética fluye por ella y penetra el cuerpo sobre el que está colocada. Mientras se hace esto, deséese con intensidad el objetivo que se quiere conseguir. Cuanto más tiempo se permanezca en esta posición, mayor será la impregnación que se logra, pero una media hora es suficiente. Puede realizarse la operación con una mano solamente, pero será mejor que se coloquen ambas, la una sobre la otra, ejerciendo con ellas una ligera presión. Antes de retirar las manos, procúrese cerrar los dedos sobre las palmas y alejarlas lentamente. Este método es especialmente aplicable a la magnetización de objetos o con fines curativos. Mayores resultados puede conseguirse combinando la magnetización por contacto y la indicada a continuación.

Magnetización sin contacto

Se realiza por medio de pases, en forma parecida a como se produce la imantación de un objeto por medio del imán artificial o la piedra-imán, ya sea con contacto o sin contacto. Antes de iniciar los pases conviene sostener las dos manos sobre el objeto durante unos minutos, con los dedos extendidos, pero sin esfuerzo, y los pulgares cercanos, sin tocarse. Después de permanecer así unos minutos, durante los cuales se debe pensar que se establece comunicación entre las manos y el objeto, se comienza a hacer pases lentamente, abriendo y doblando un poco los dedos como si tratásemos de acariciar una cabellera. Cuando llegamos al extremo, cerramos las manos, juntando los dedos sobre la palma y las retiramos a una distancia regular, para volver a abrirlas sobre el extremo opuesto, repitiendo la misma operación durante el tiempo que fuere necesario. Mientras se hacen los pases debe visualizarse y alimentar el deseo indicado en el procedimiento anterior. Ambos procedimientos, combinados, primero el contacto y después los pases, dan resultados más intensos que separadamente.

Magnetizar agua

Tómese el agua, lo más limpia posible (mejor aún si está filtrada) y, en un lugar limpio, déjese caer a chorro, desde una altura de unas diez pulgadas, de forma que le dé el sol, recogiéndola en un vaso de cristal. Repítase esta operación de 10 a 20 veces. Seguidamente, puesta en la jarra o botella en que se desea presentar al paciente, sosténgase entre ambas manos, teniendo una de cada lado sin que se toquen, y visualícese que la energía magnética penetra en el agua y la vitaliza. Separadas las manos, se le dan pases de arriba a abajo a la vasija, en la forma indicada en "Magnetismo sin contacto" y se contempla con intensidad, deseando impregnarla de la energía especial que el enfermo necesita para vitalizar su organismo. Esta agua cambia totalmente de sabor y produce considerables beneficios a toda clase de enfermedades.

Magnetizar cartas

Se pueden magnetizar cartas por cualquiera de los medios indicados anteriormente, pero muy especialmente usando los tres combinados, o sea: primero el contacto; después los pases, y justamente con ambos la fascinación. El magnetismo será más eficaz si se escribe la carta con la tinta del color correspondiente a la fecha de nacimiento de la persona a quien va dirigida.

Magnetizar objetos

Cualquier objeto puede ser magnetizado y convertirse en el mensajero de la idea que deseamos transmitir, pero muy especialmente las prendas de uso personal, los libros, y en general, todo aquello que de una manera u otra deba estar en contacto con la persona que se desea influir. Cualquiera que sea el objeto, es conveniente aplicar los tres procedimientos combinados, contacto, pases y fascinación.

Magnetizar árboles

El magnetismo, debidamente aplicado, estimula el crecimiento de las plantas, impregnándolas del fluido que se les comunica y haciendo que ellas, a su vez, lo impartan a las personas que se sitúen a su sombra. Desde que el Marqués de Puysegur magnetizó a un árbol de su jardín para que por su medio, atendiera en gran escala a los numerosos enfermos que acudían en busca de tratamiento, muchos magnetizadores, dedicados especialmente al magnetismo con fines curativos, se han servido del mismo procedimiento, y no sólo han conseguido el mismo fin, sino que hasta han logrado comunicar esa propiedad a los frutos del árbol magnetizado. Los empleados con mejores resultados son el naranjo, el olmo, el tilo, el fresno, y la encina, debiendo prescindirse de la higuera, del nogal y en general, de los árboles cuyo zumo sea desagradable a nuestros sentidos.

Índice

TÍTULOS DE ESTA COLECCIÓN

Impreso en los talleres de
Trabajos Manuales Escolares,
Oriente 142 No. 216
Col. Moctezuma 2a. Secc.
Tels. 5 784.18.11 y 5 784.11.44
México, D.F.